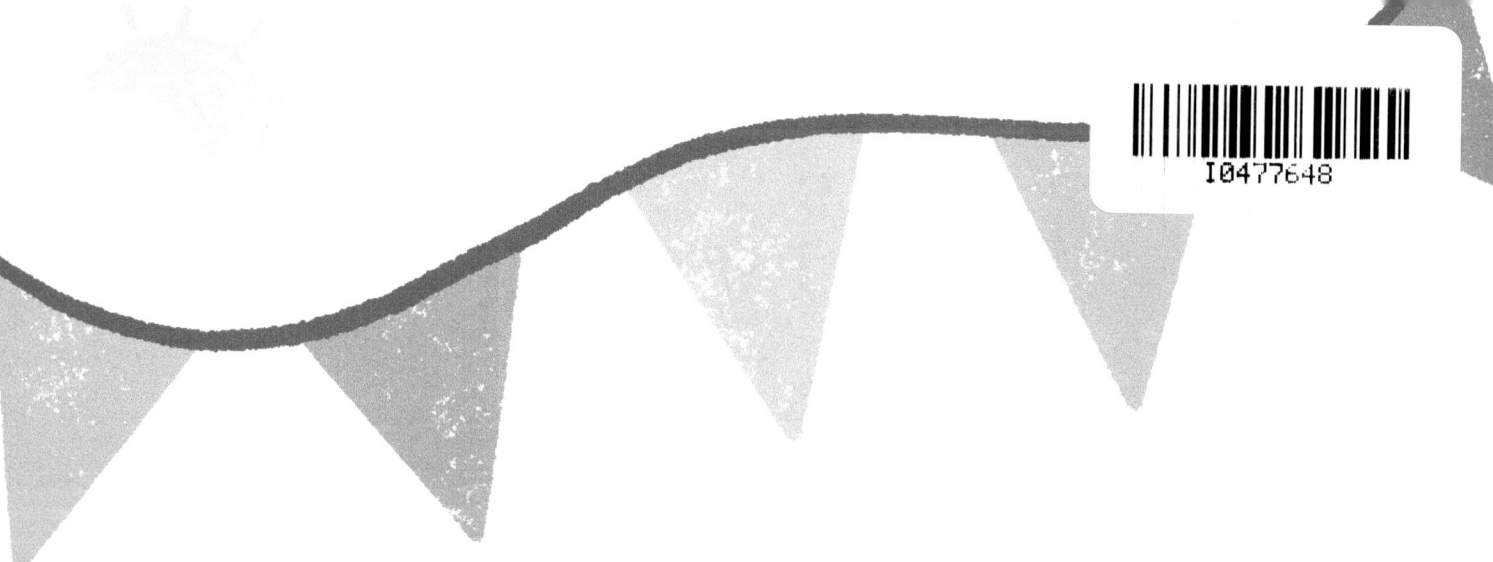

ESTE LIBRO DE COLOREAR PERTENECE A:

_____

_____

_____

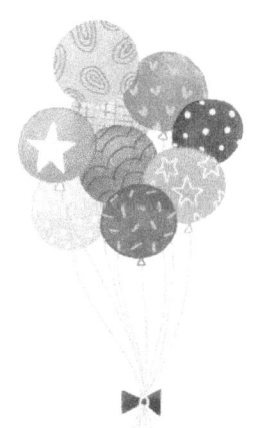

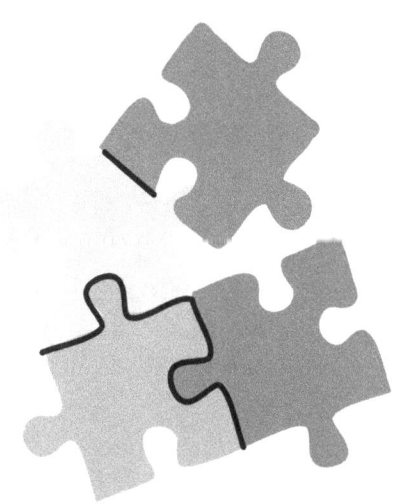

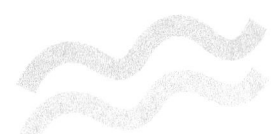

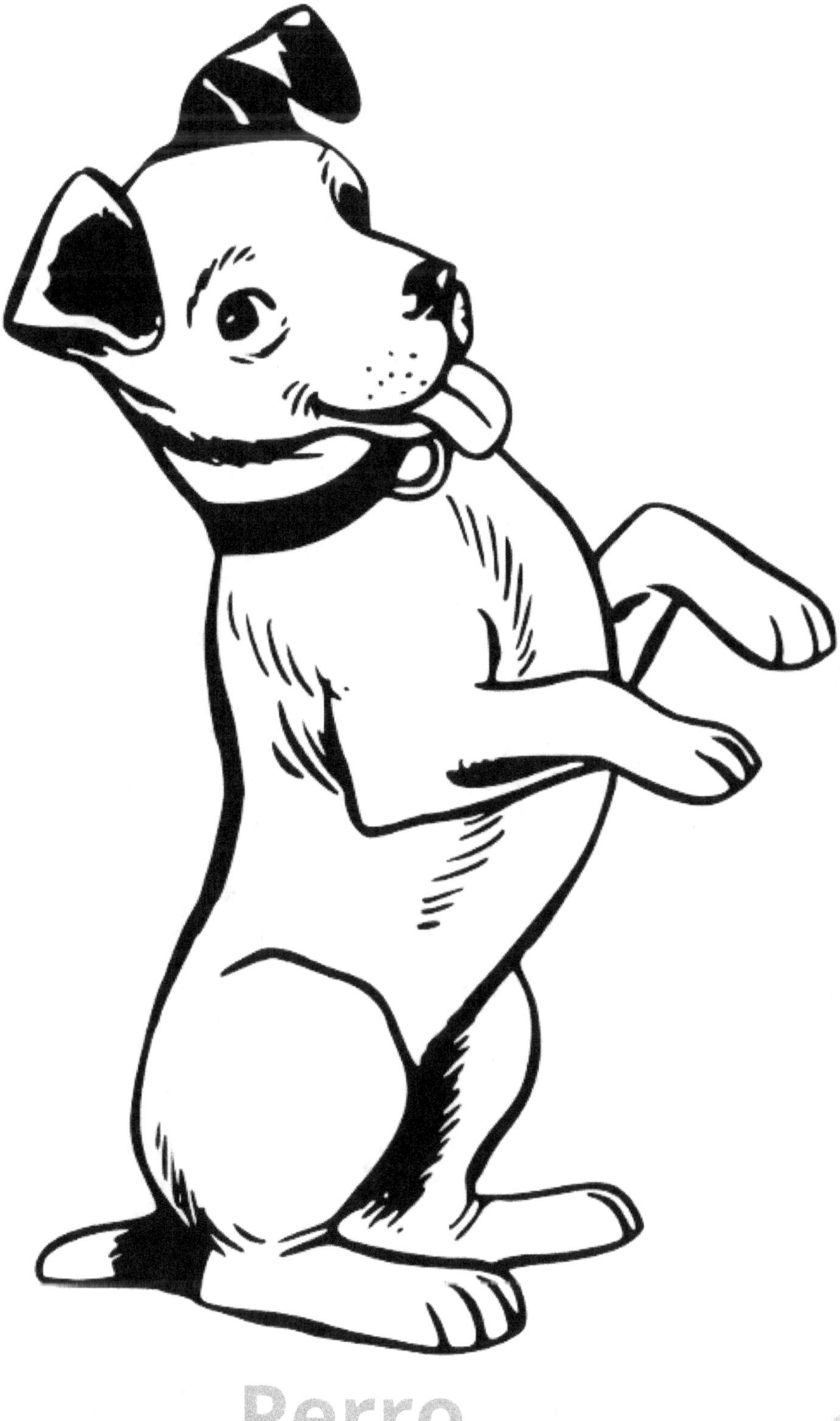

Perro

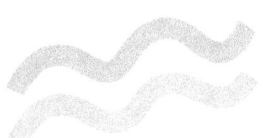
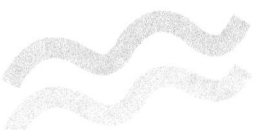

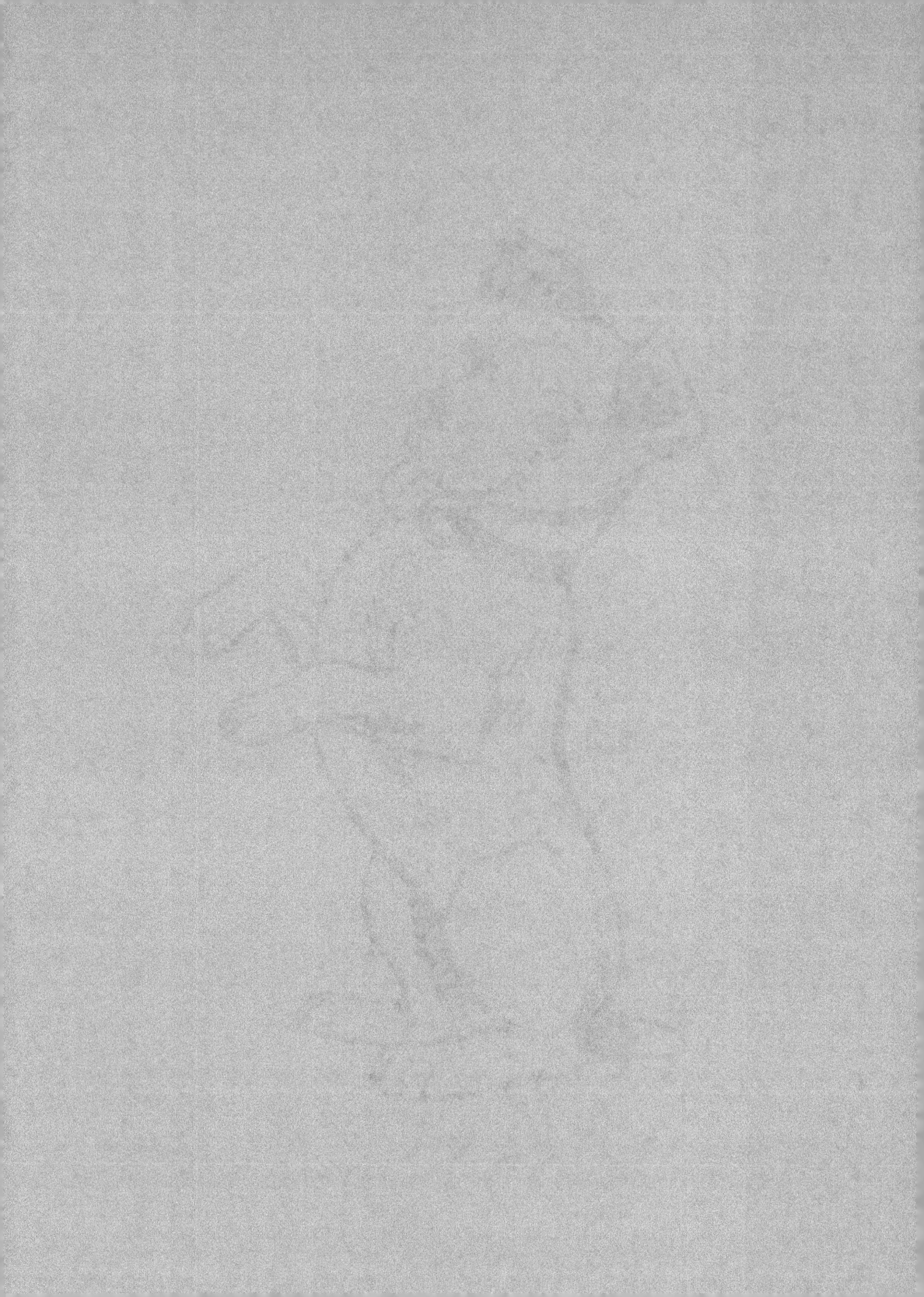

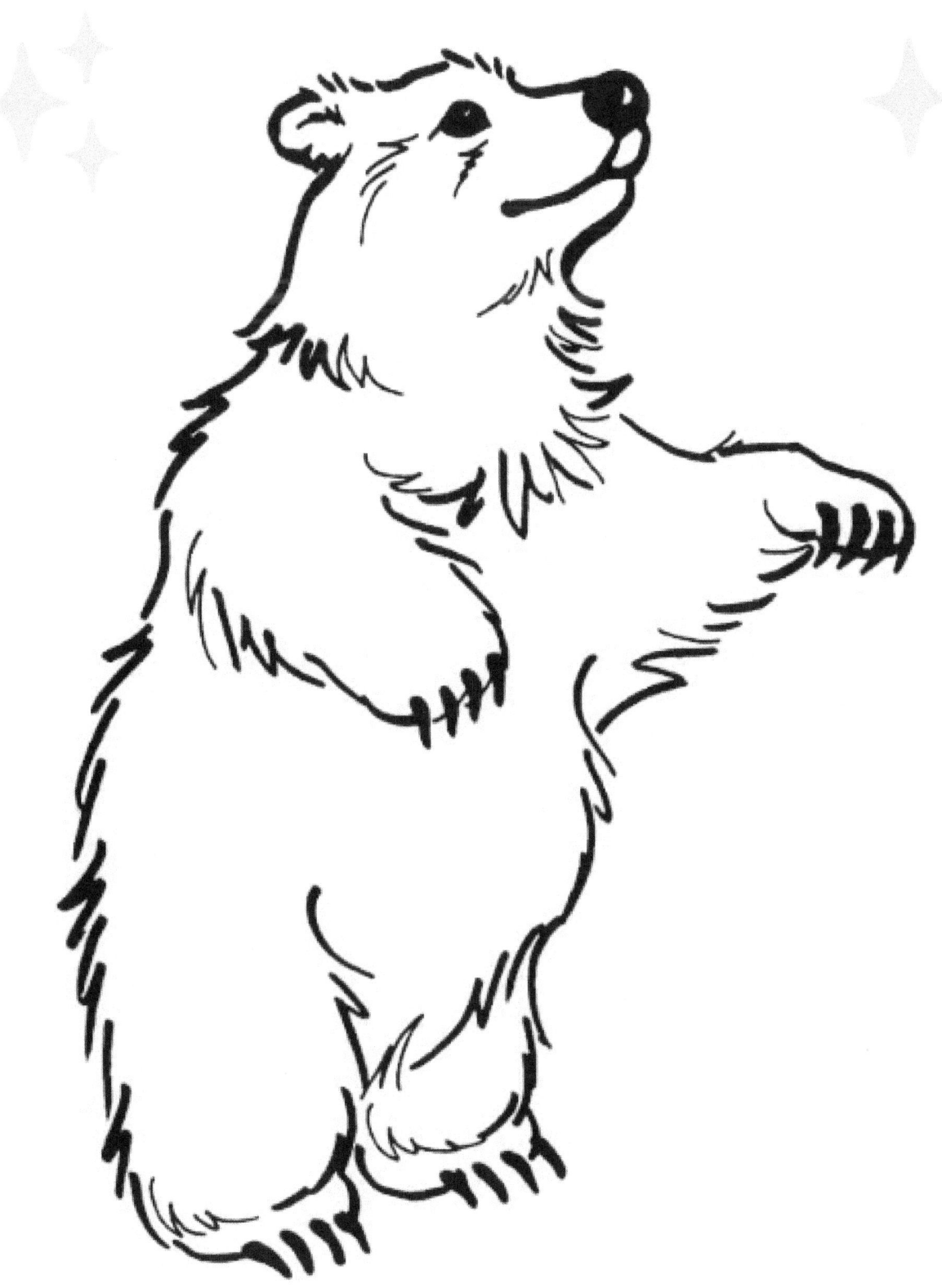

Oso

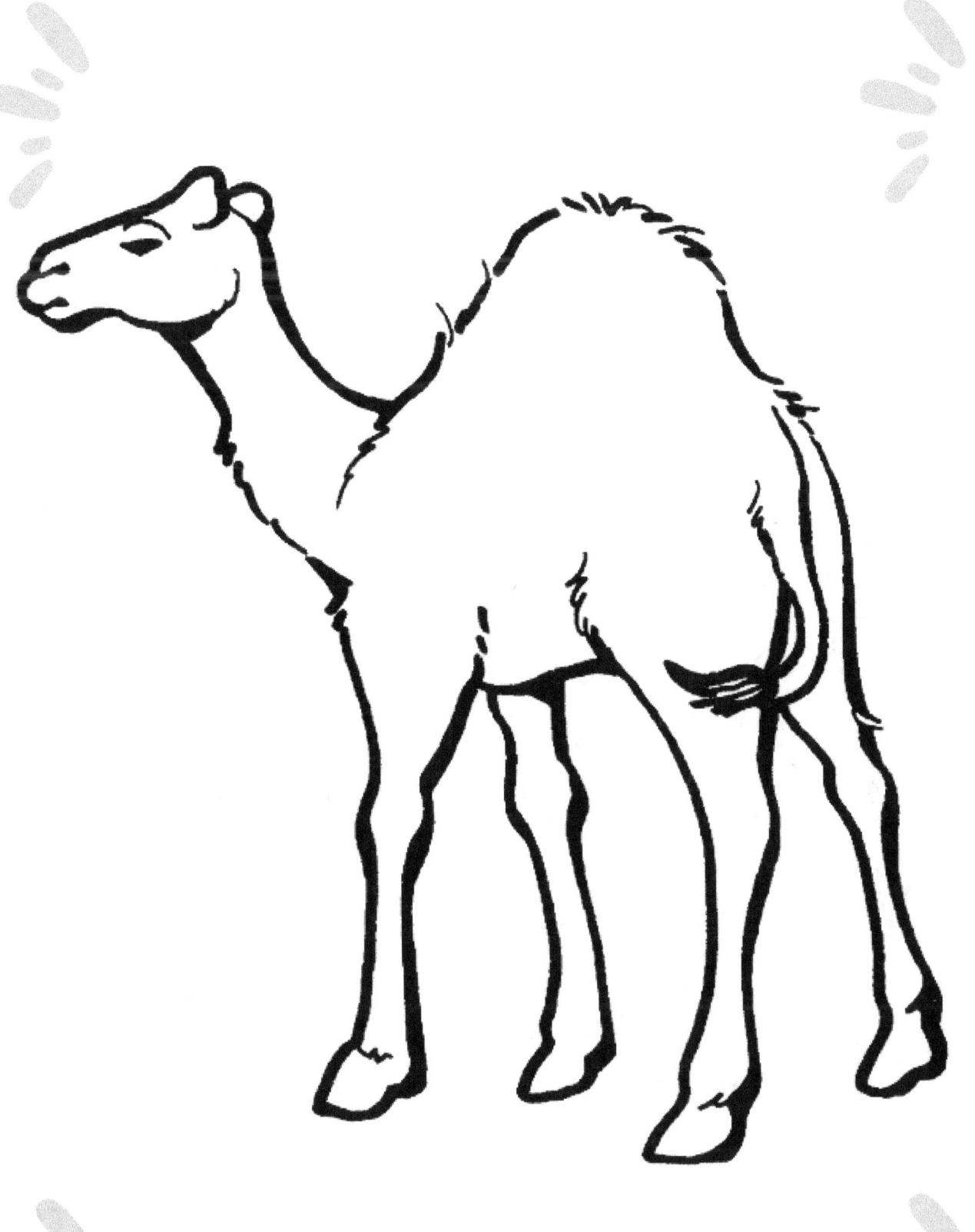

Camello

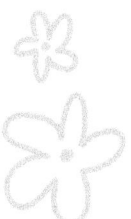
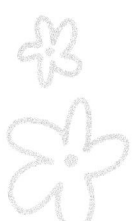
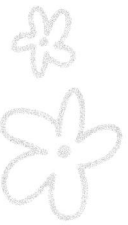

Jirafa

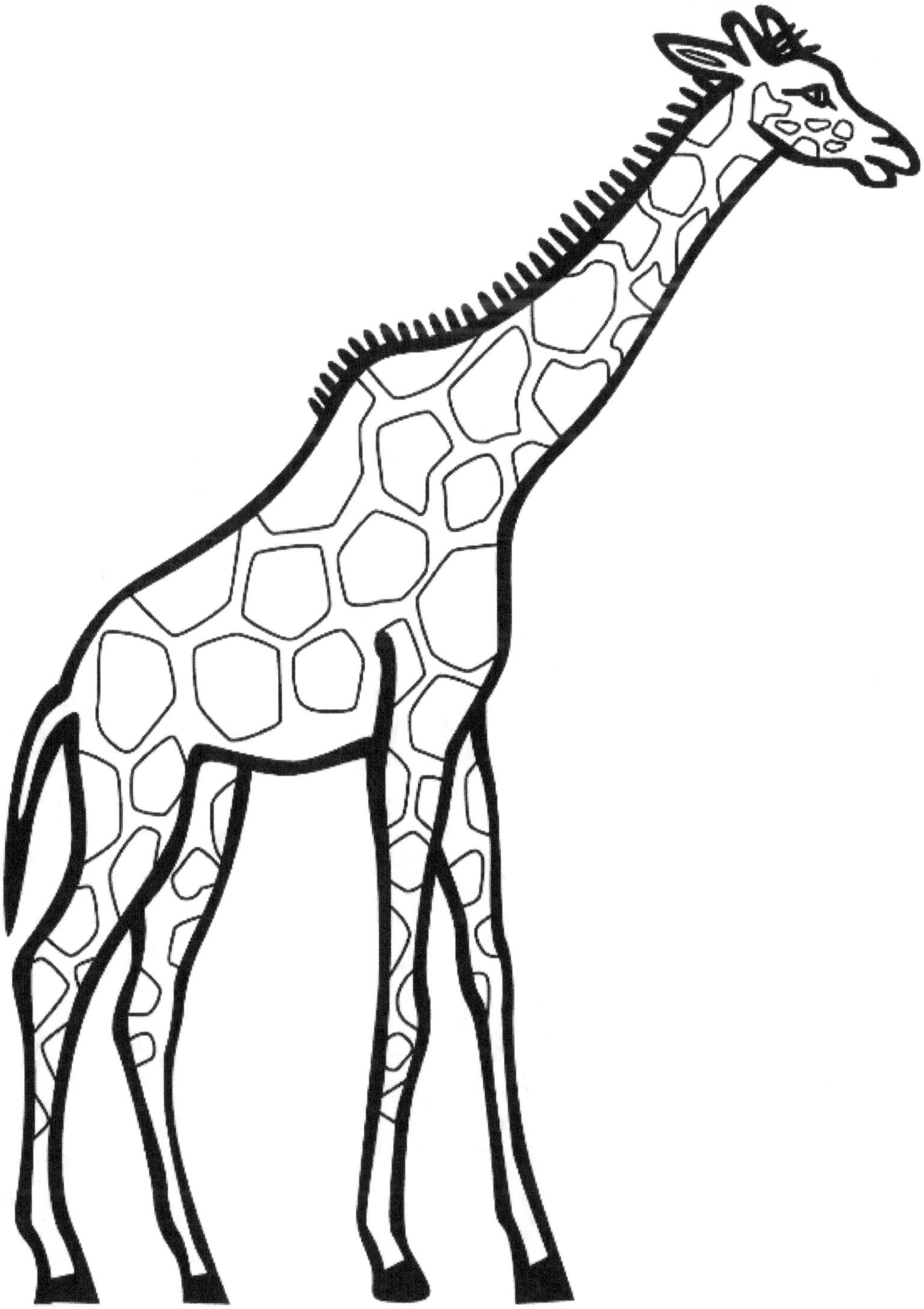

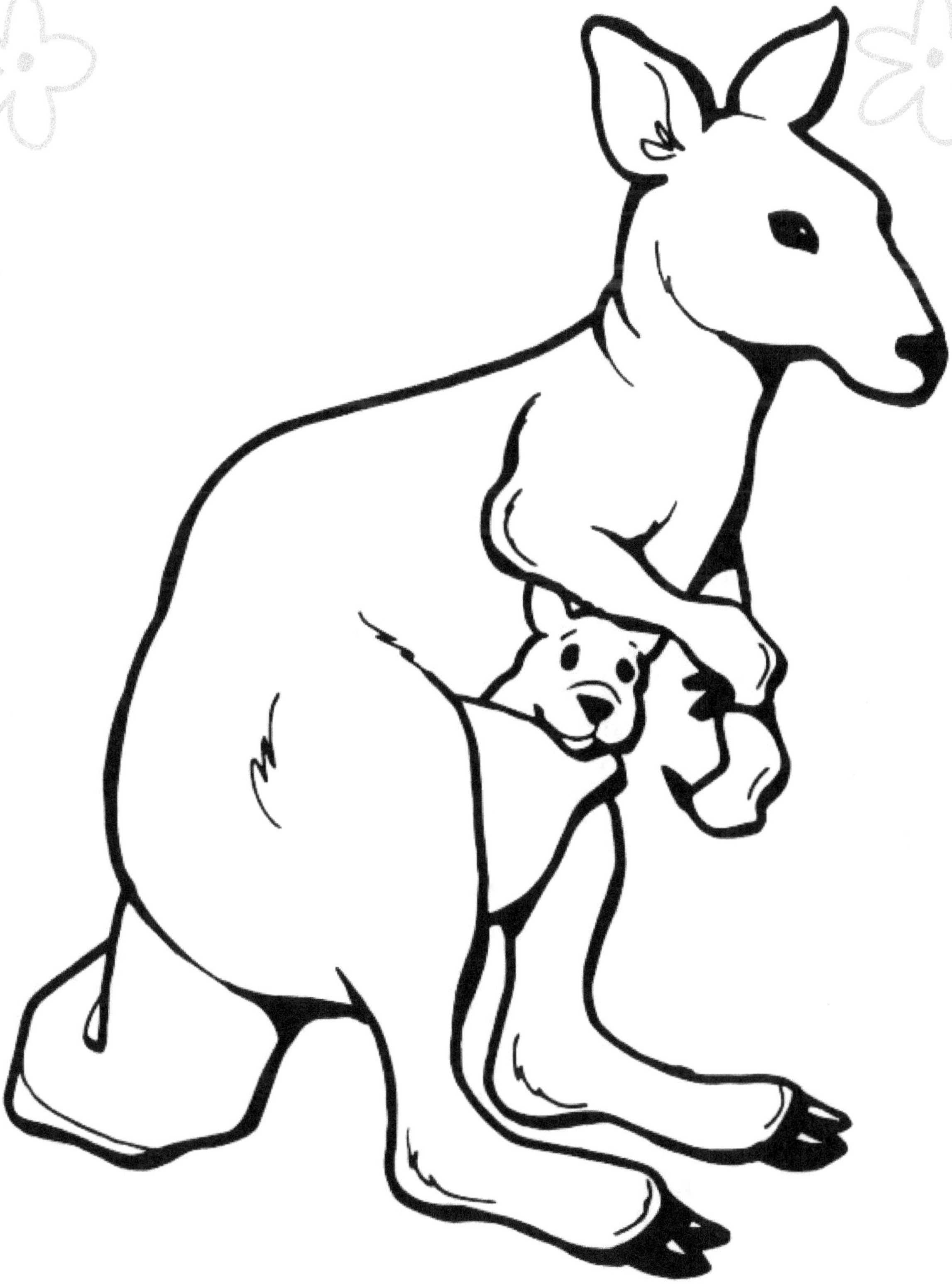

Canguro

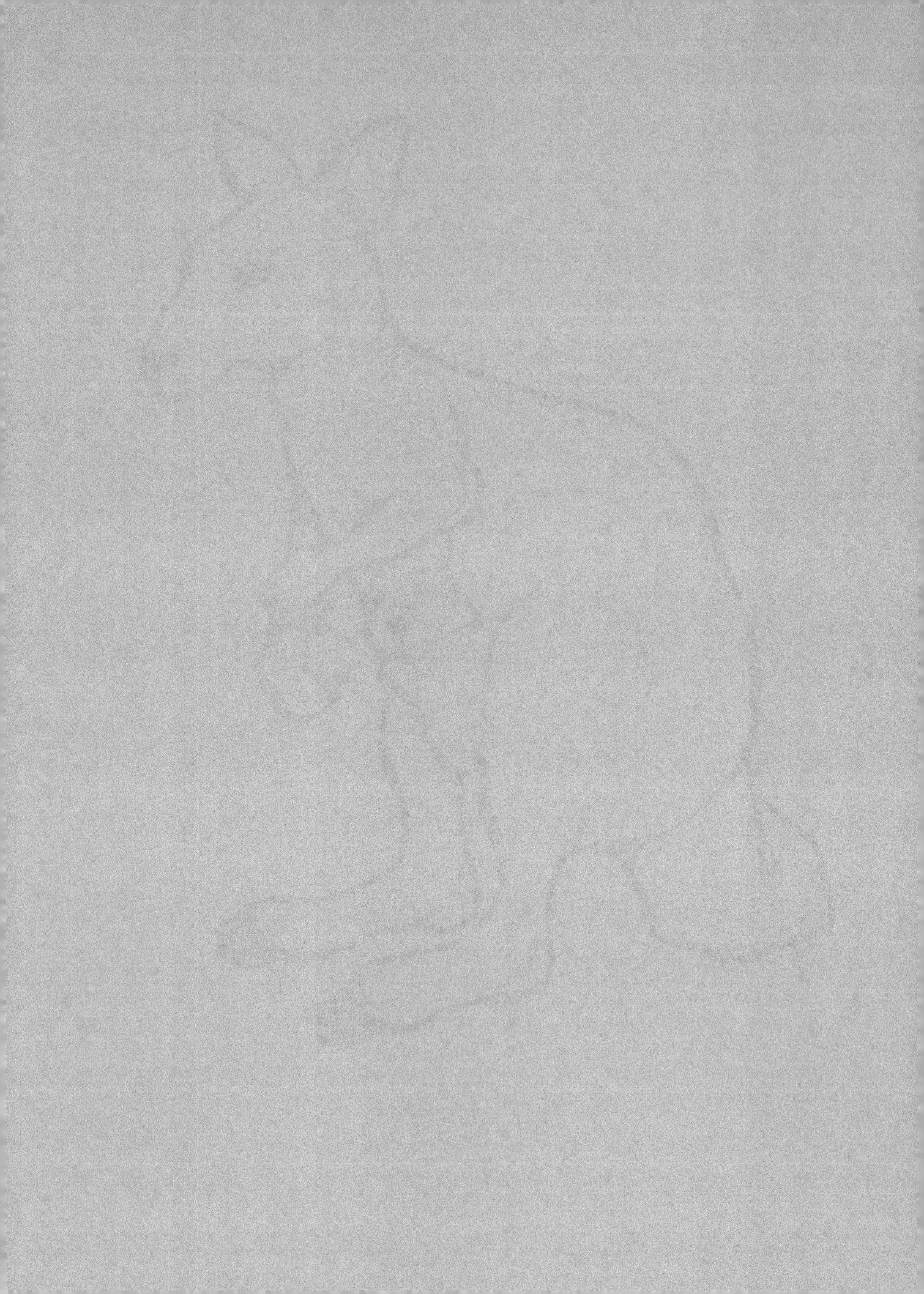

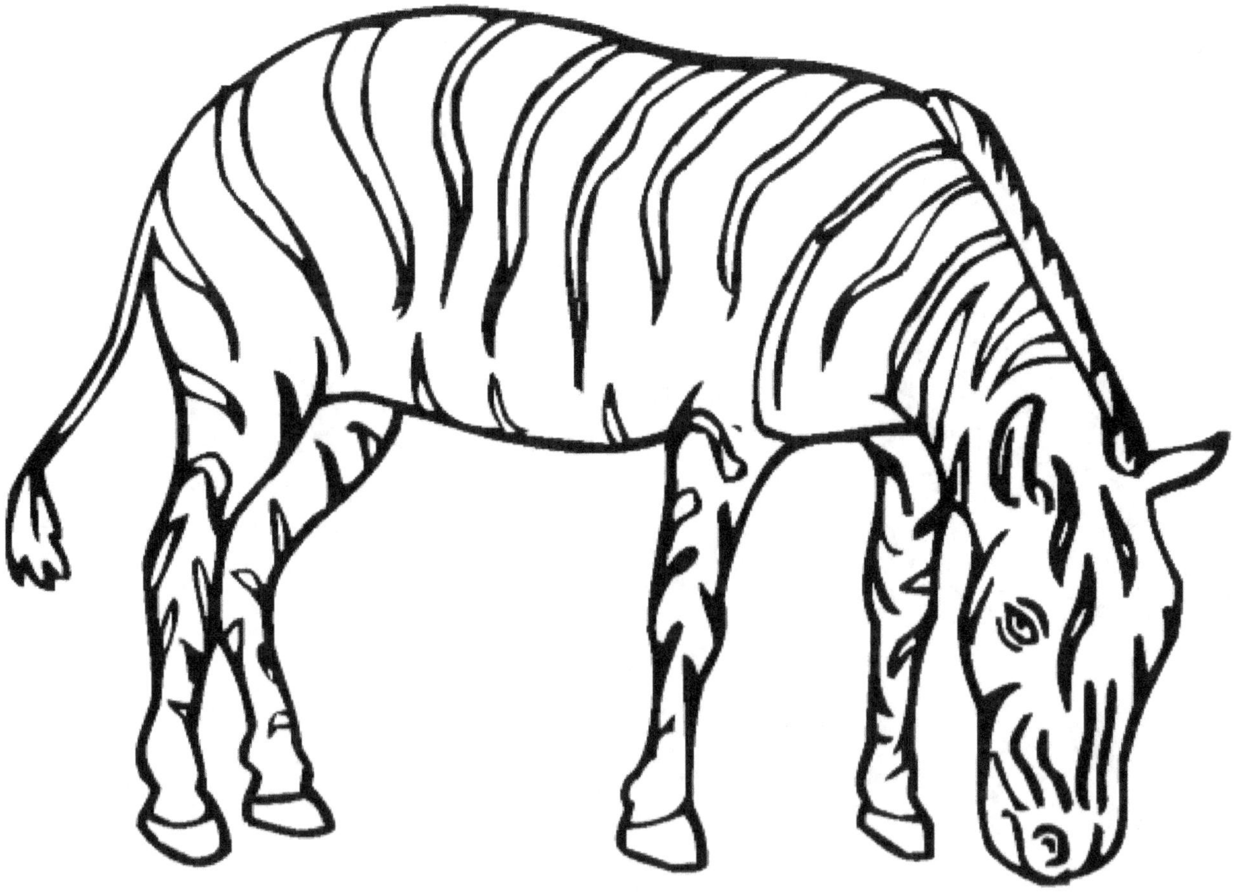

Cebra

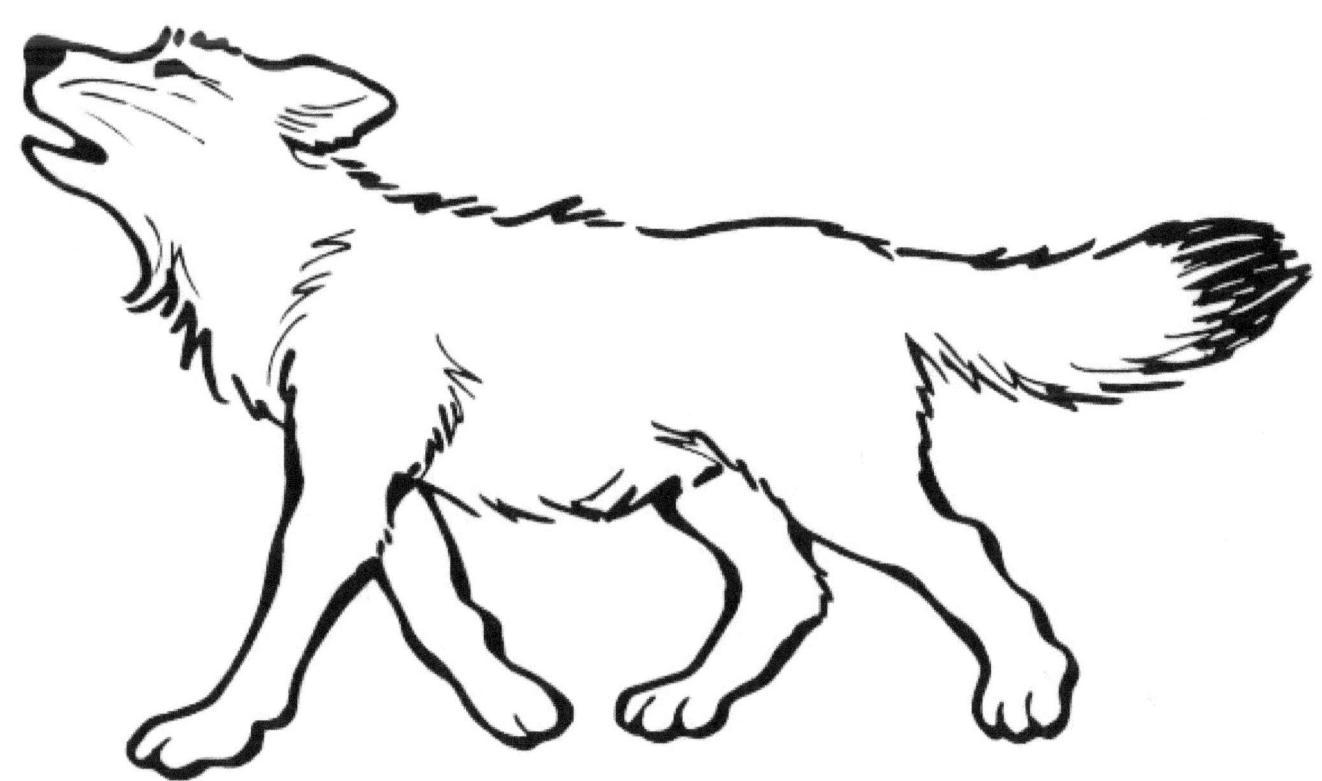

Lobo

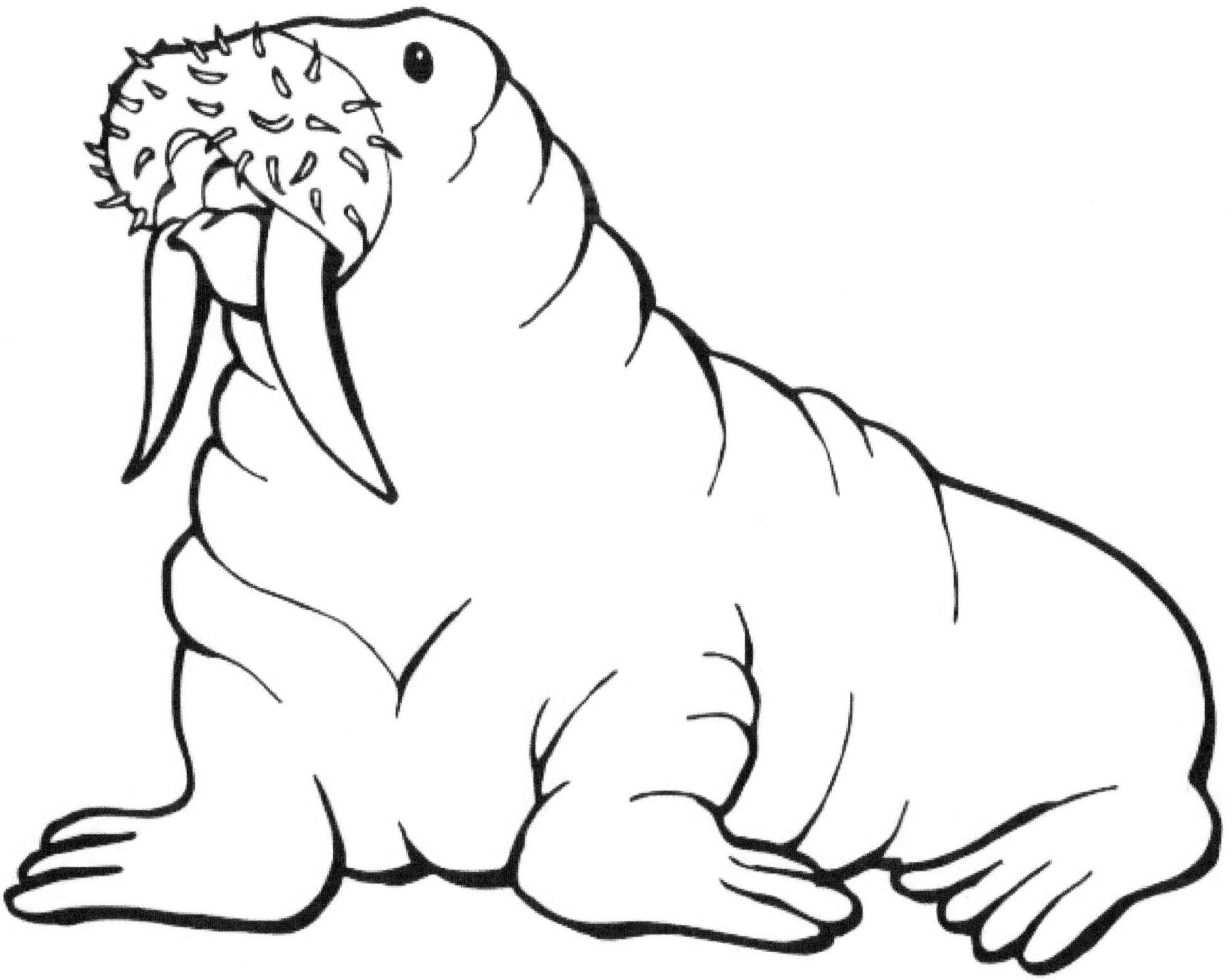

Morsa

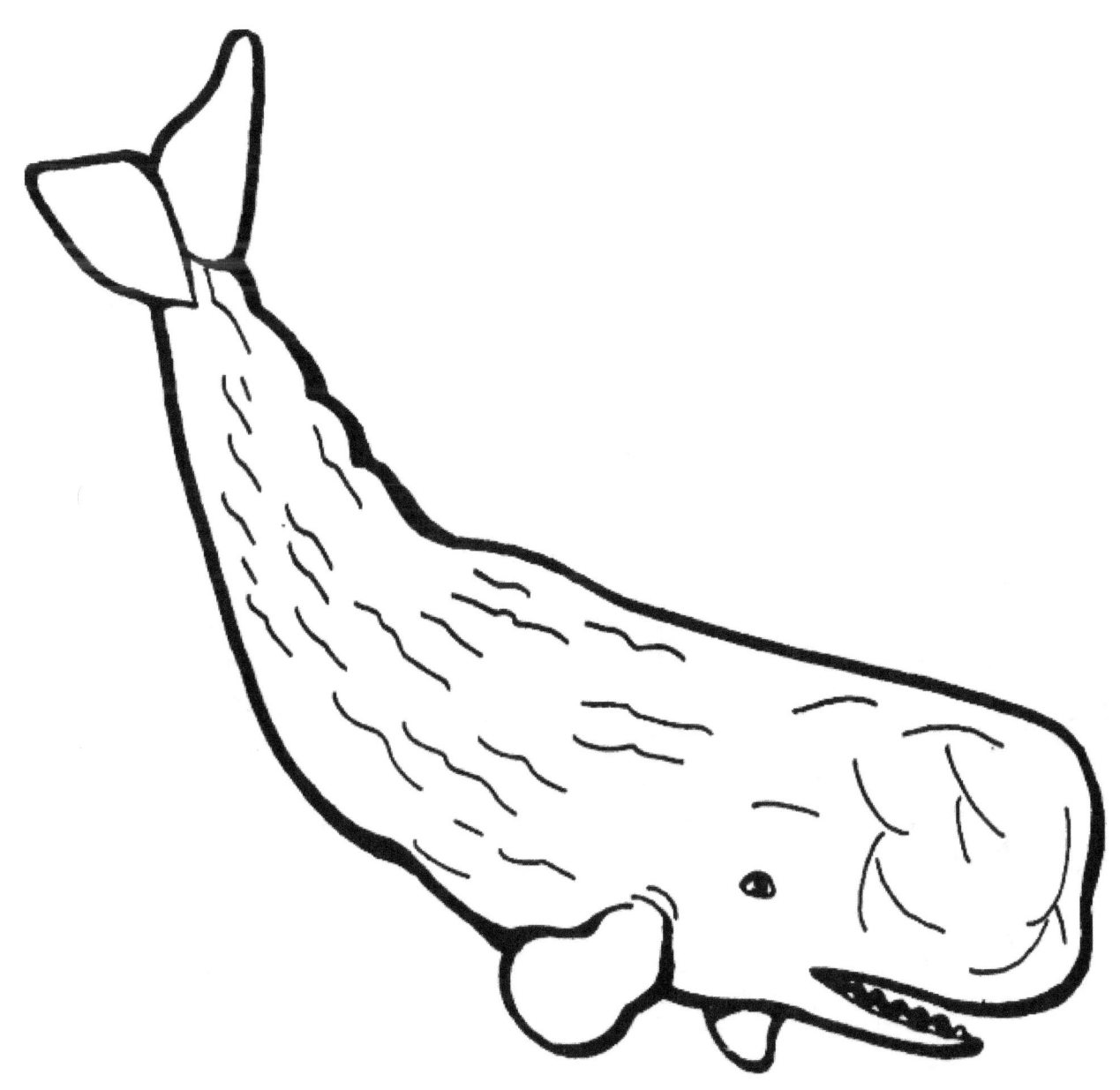

Cachalote

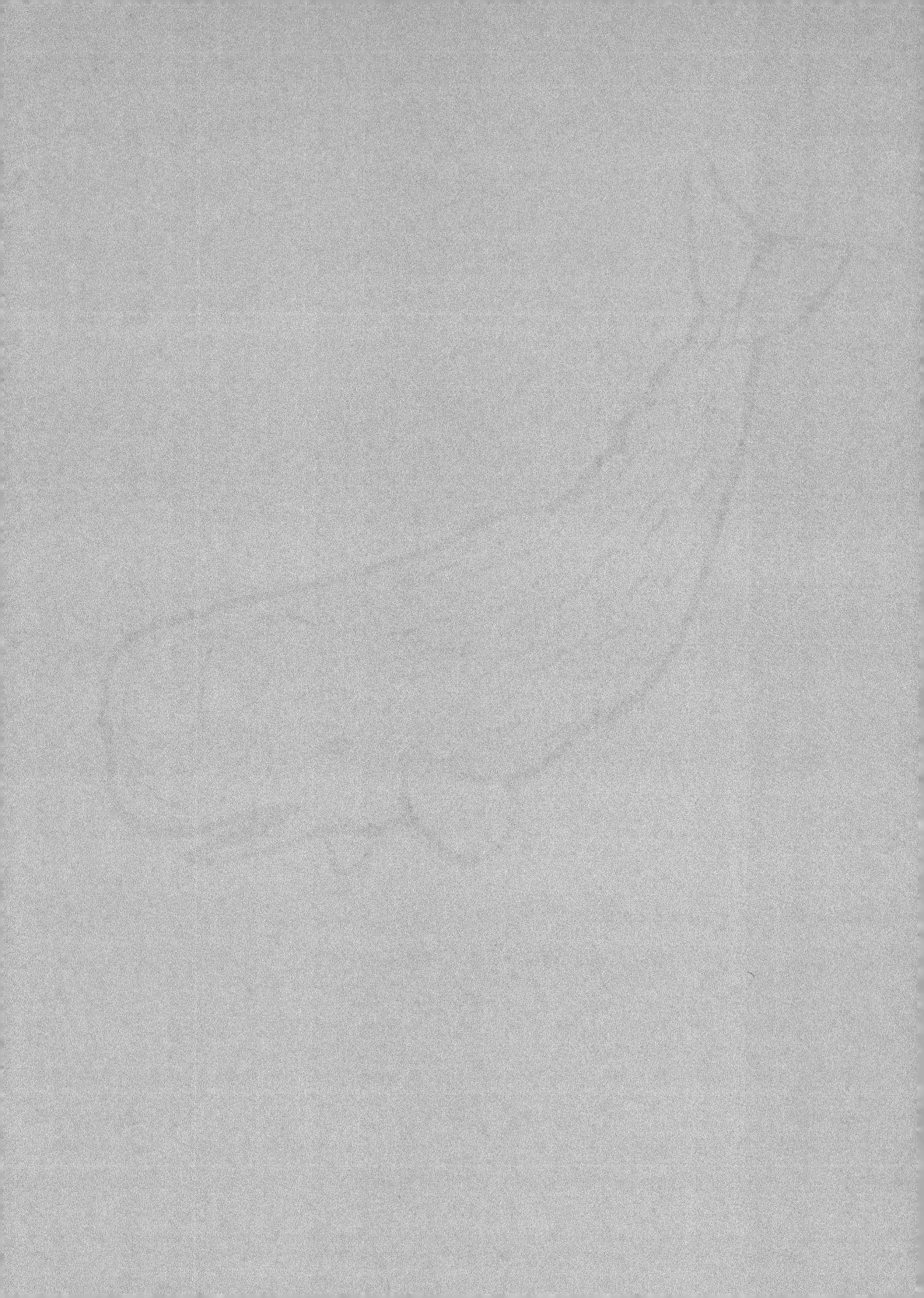

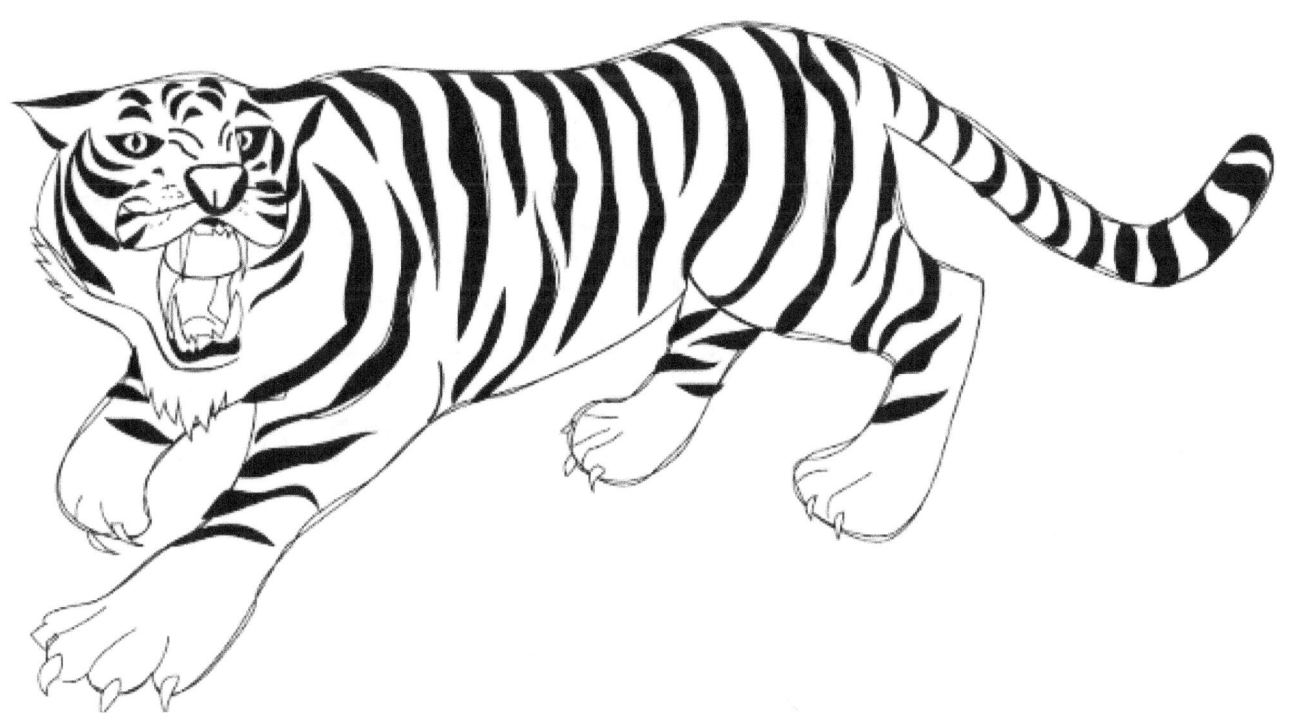

Tigre

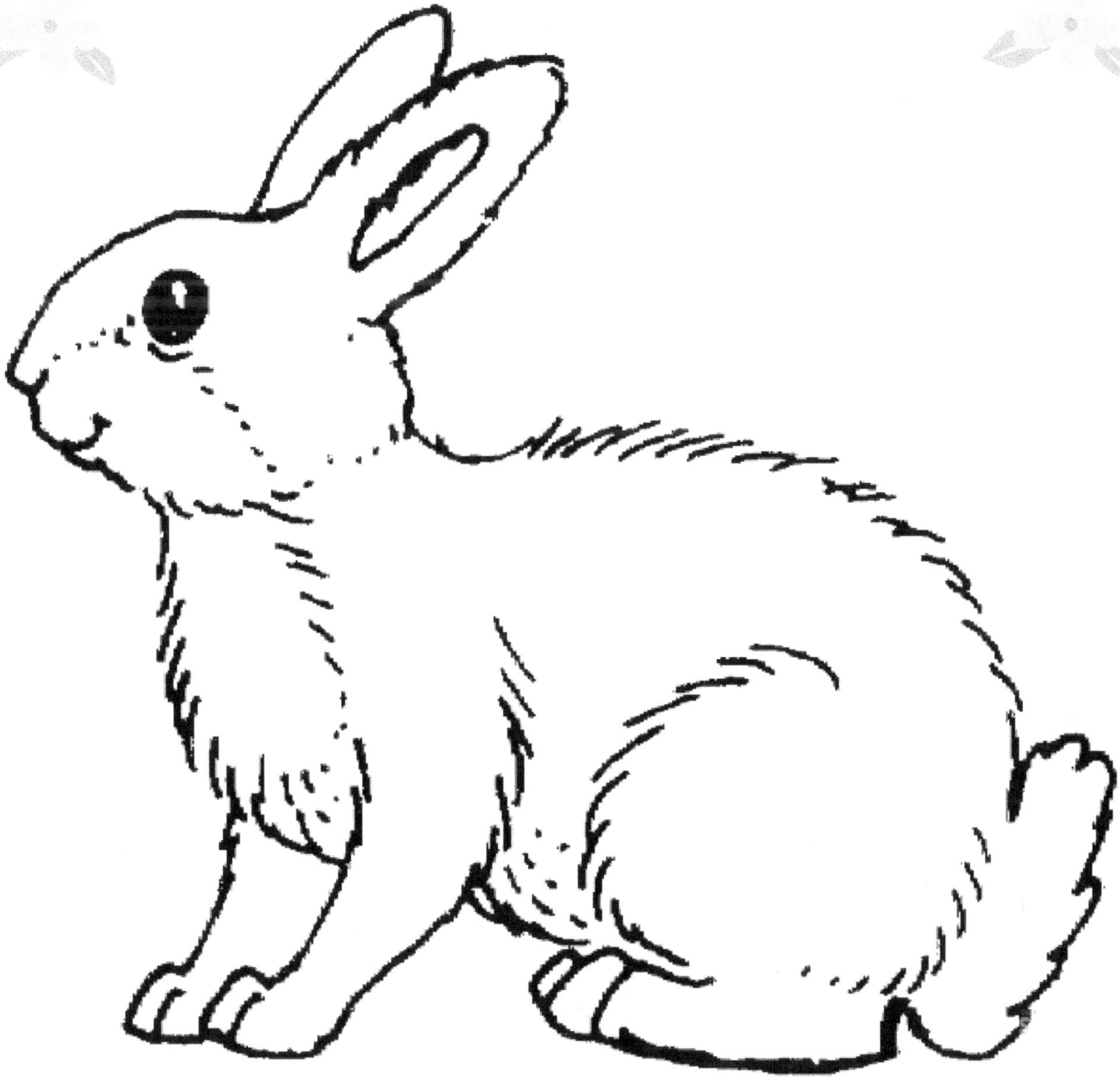

Conejo

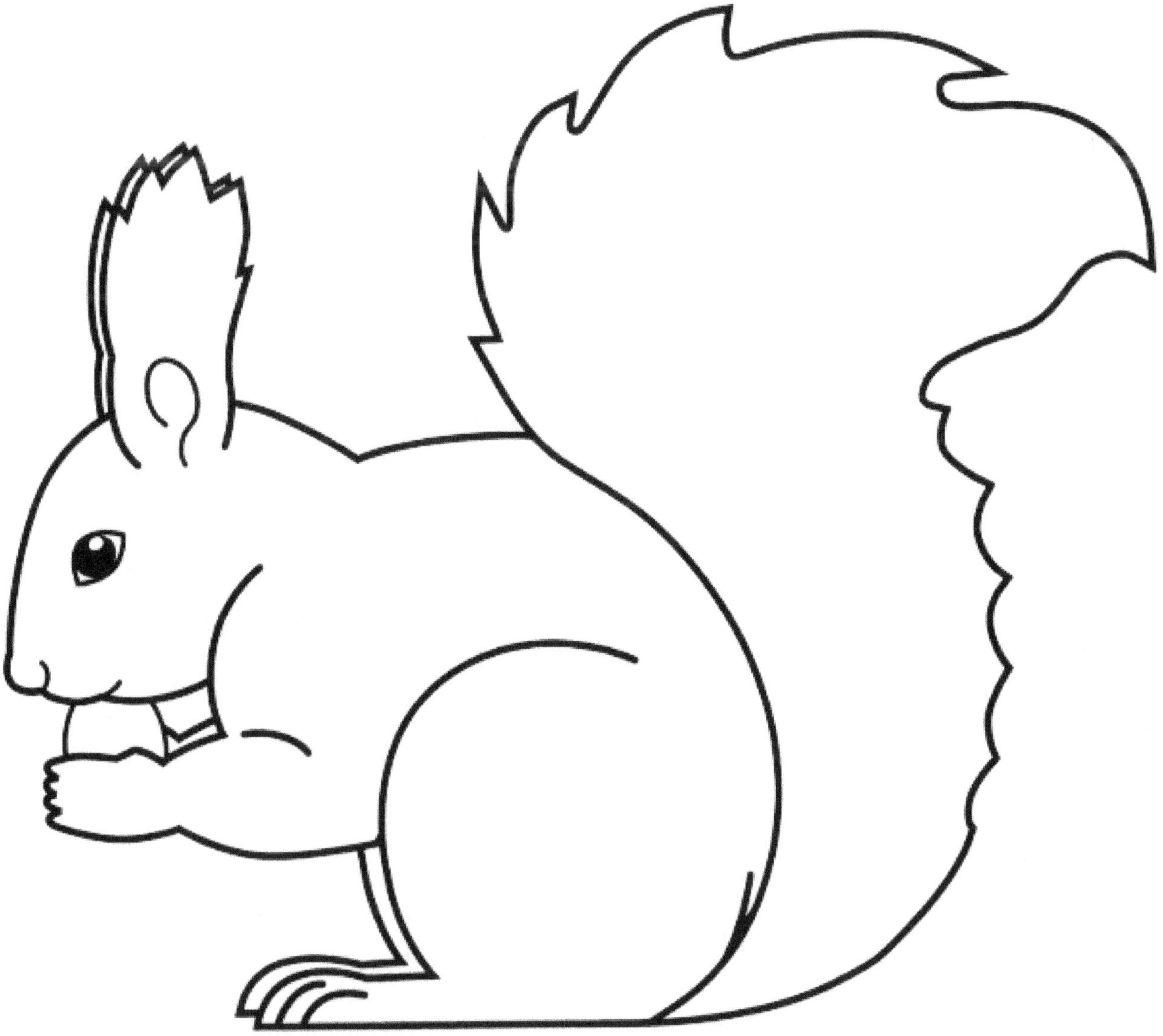

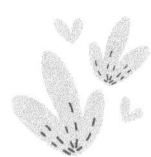
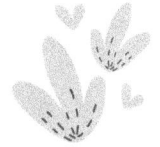

Ardilla

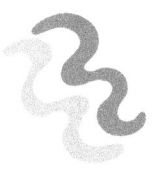
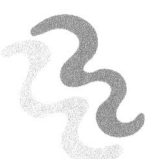

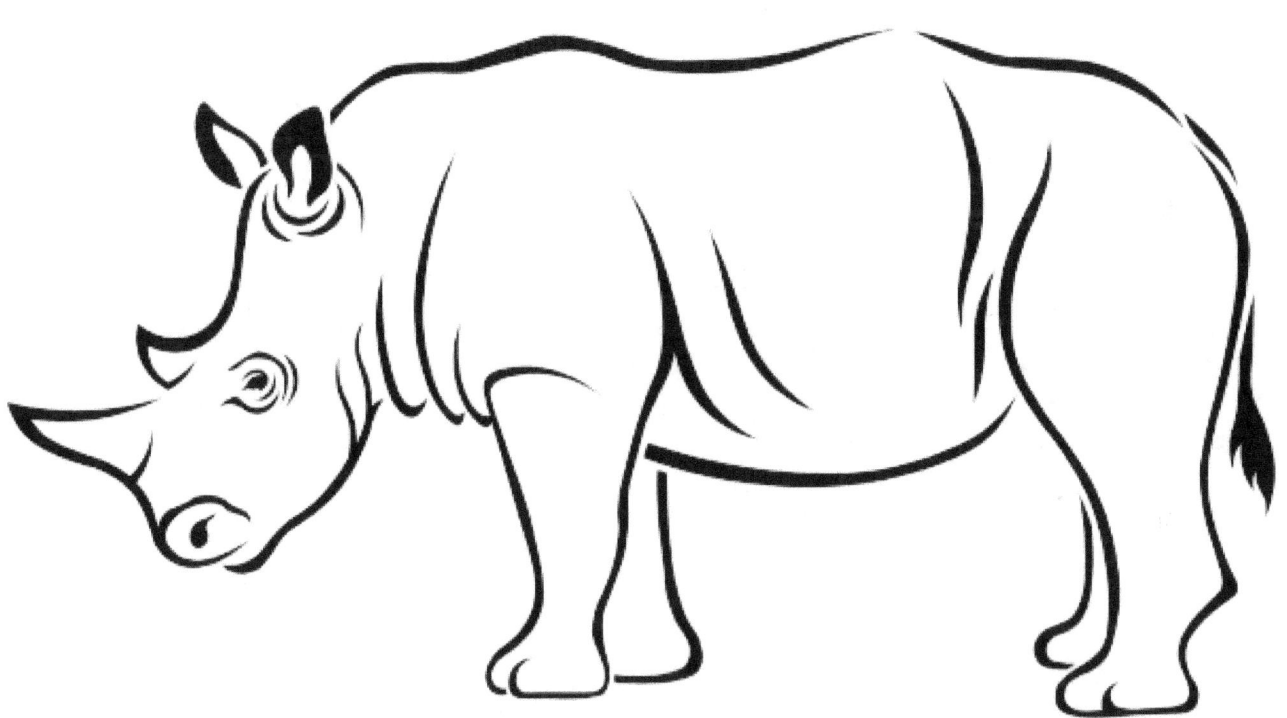

Rinoceronte

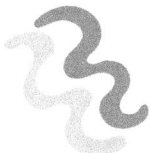
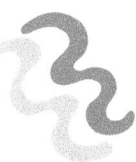

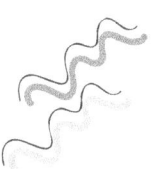
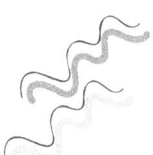

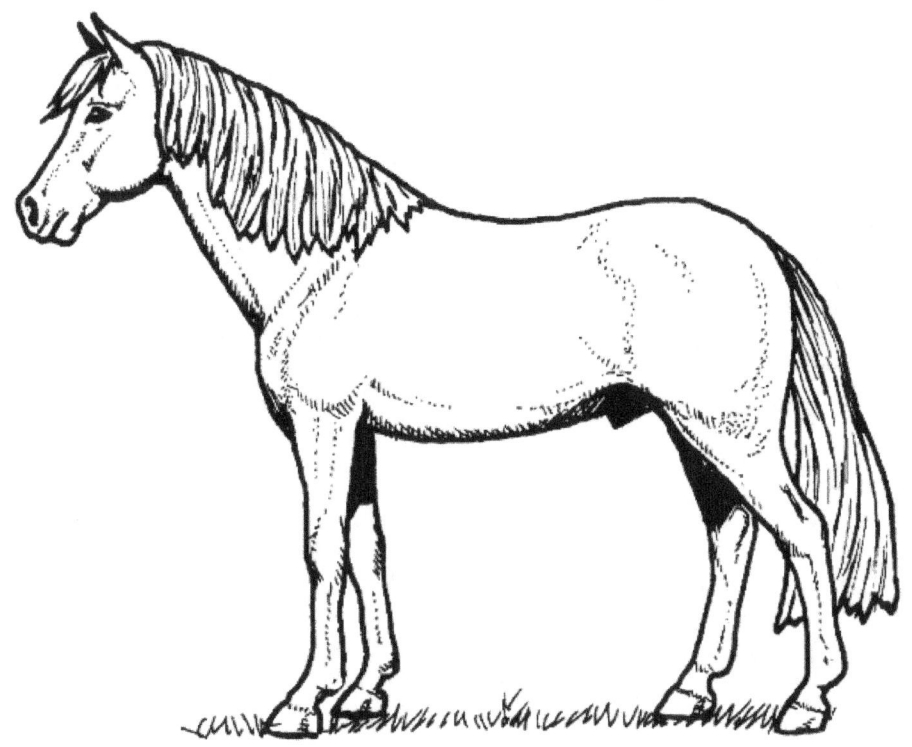

Caballo

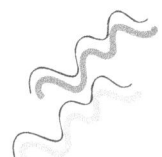
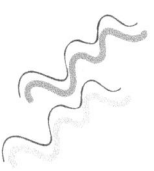

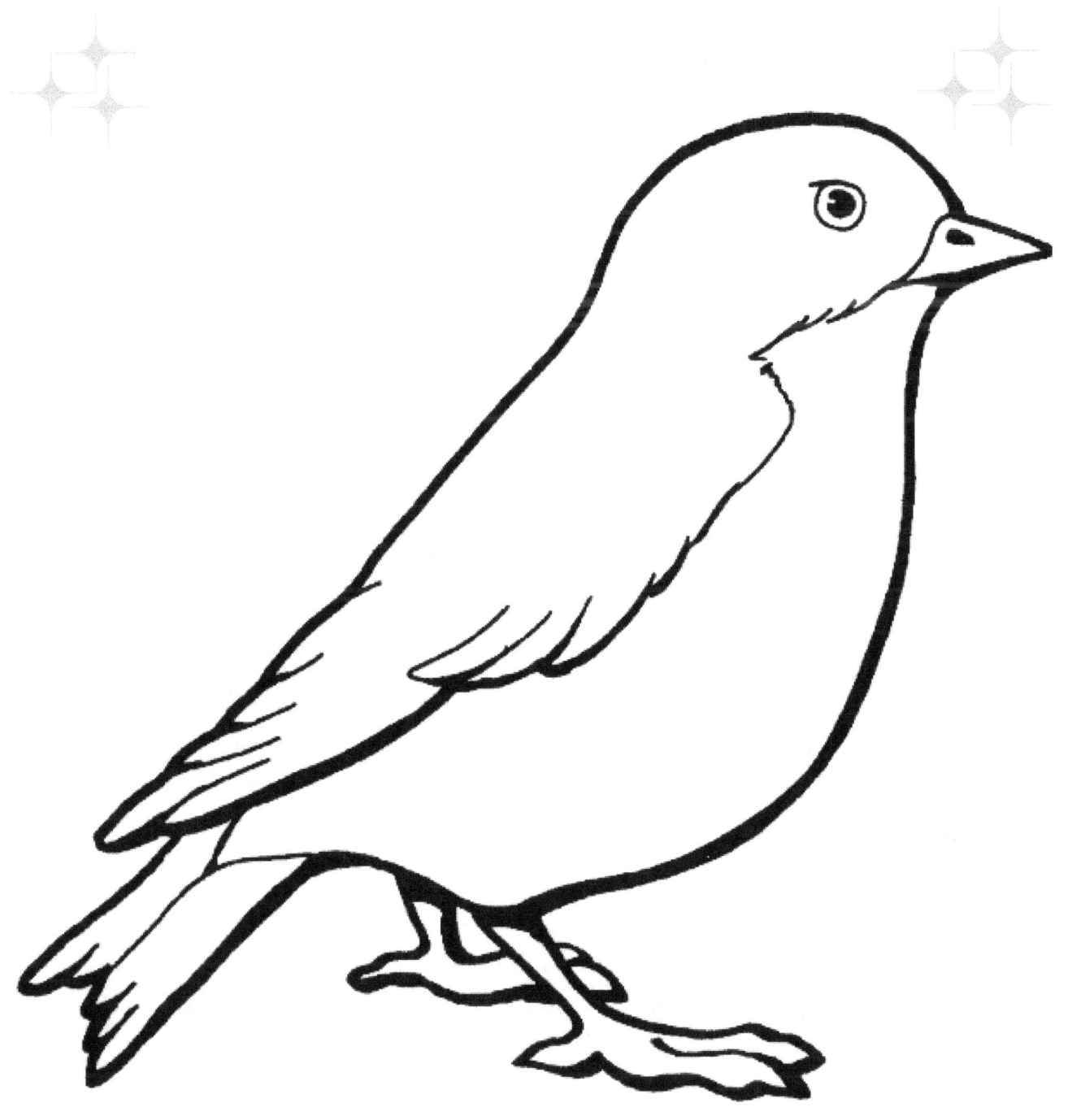

Pajaro

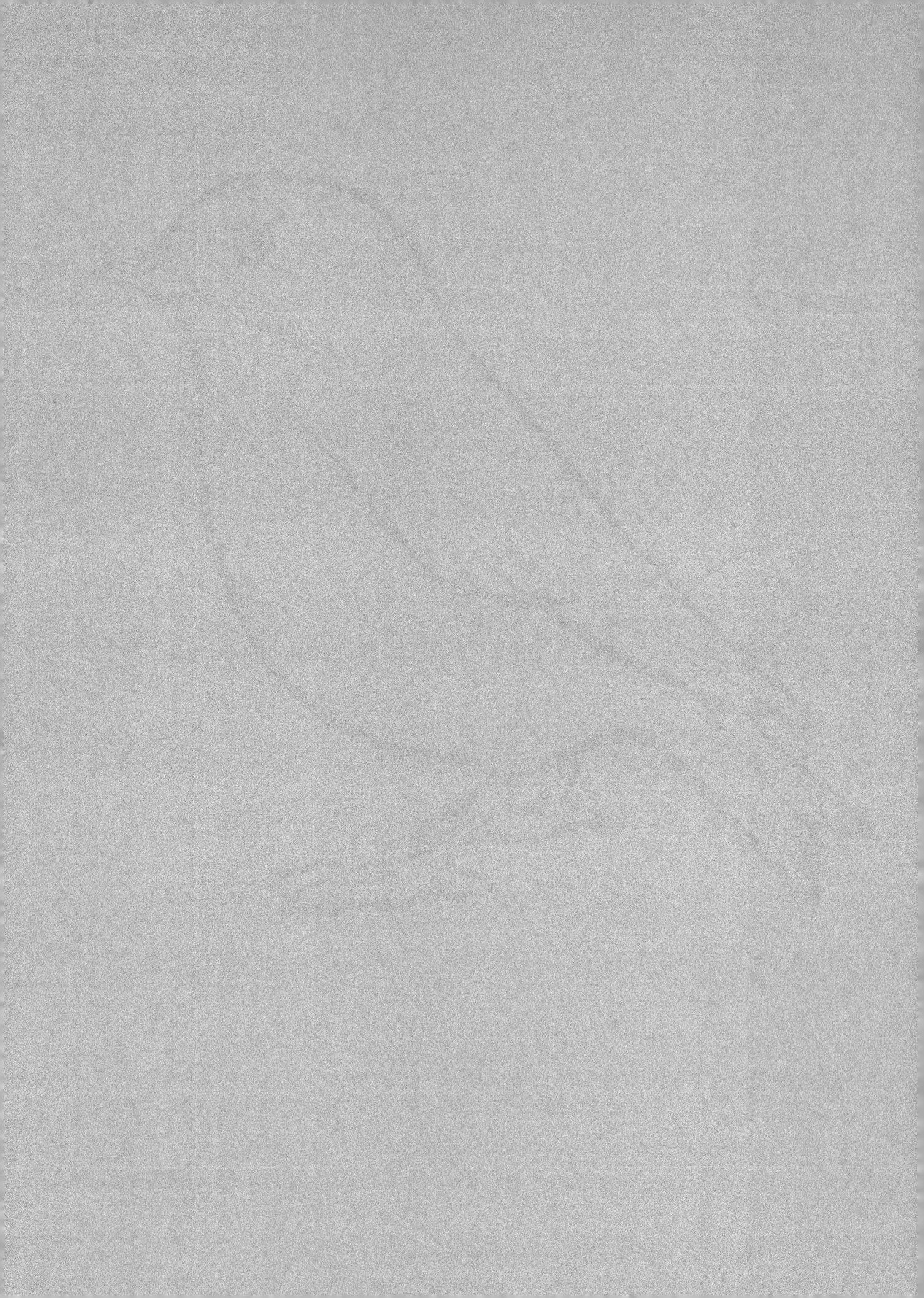

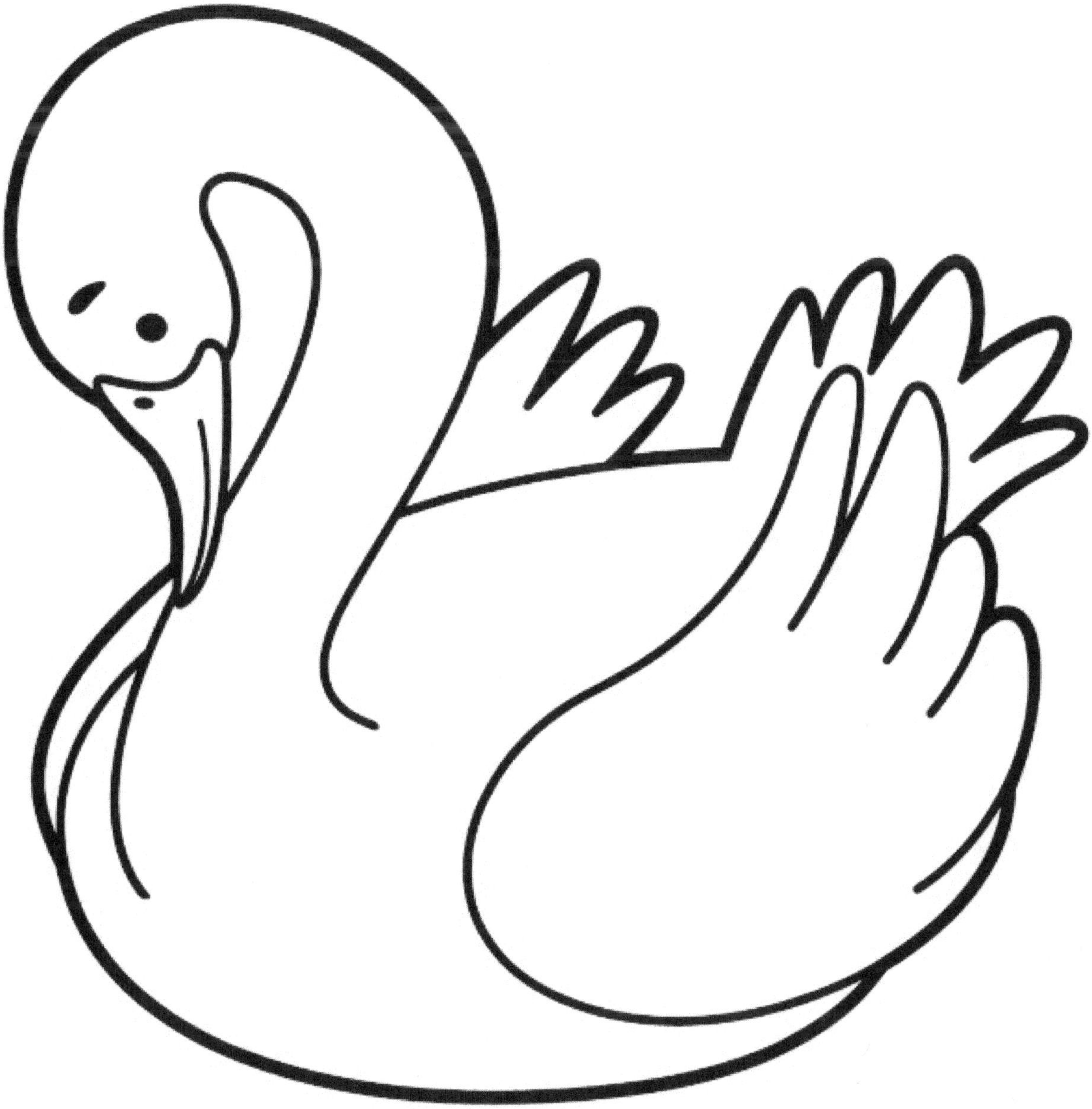

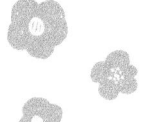
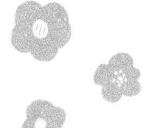

Cisne

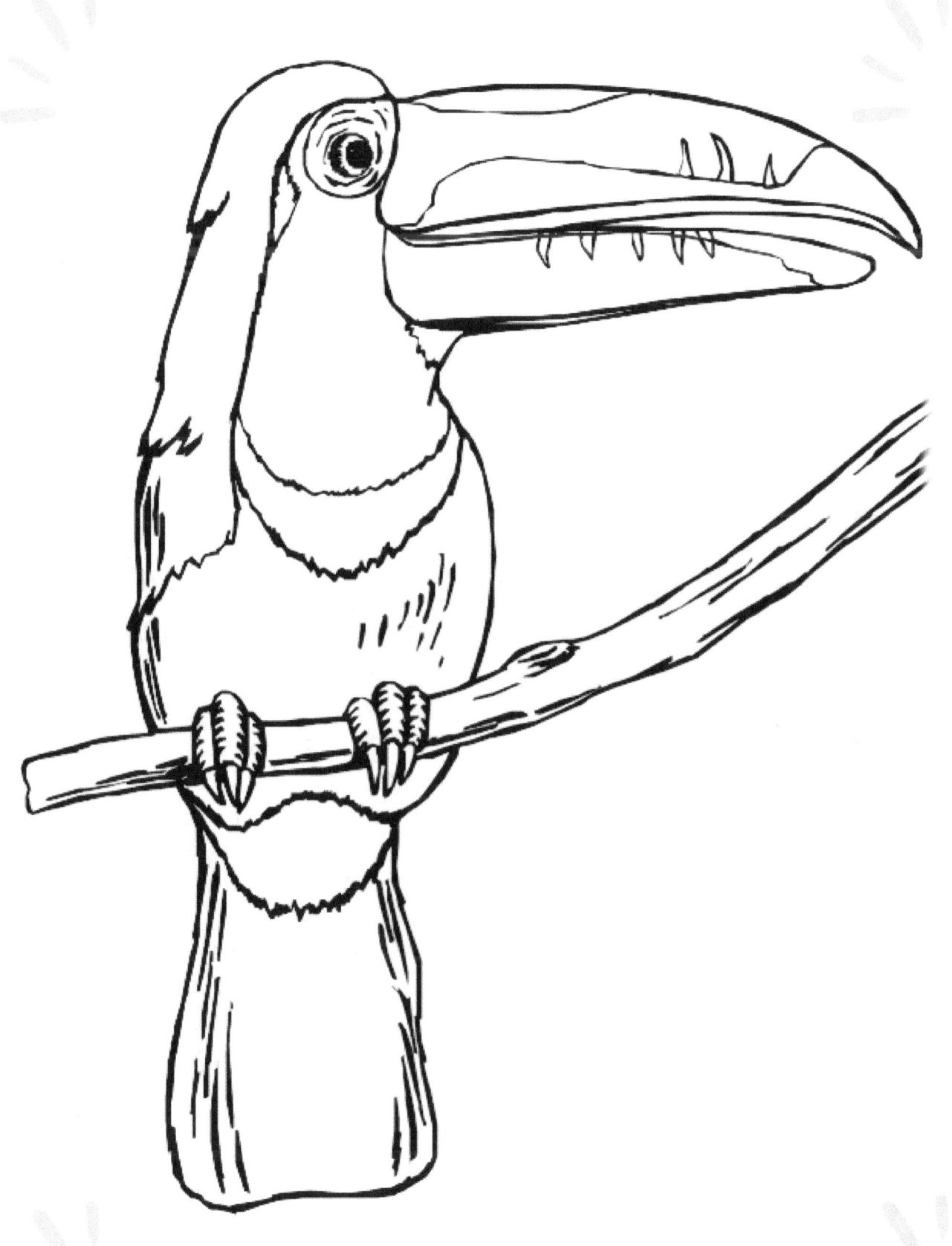

Tucan

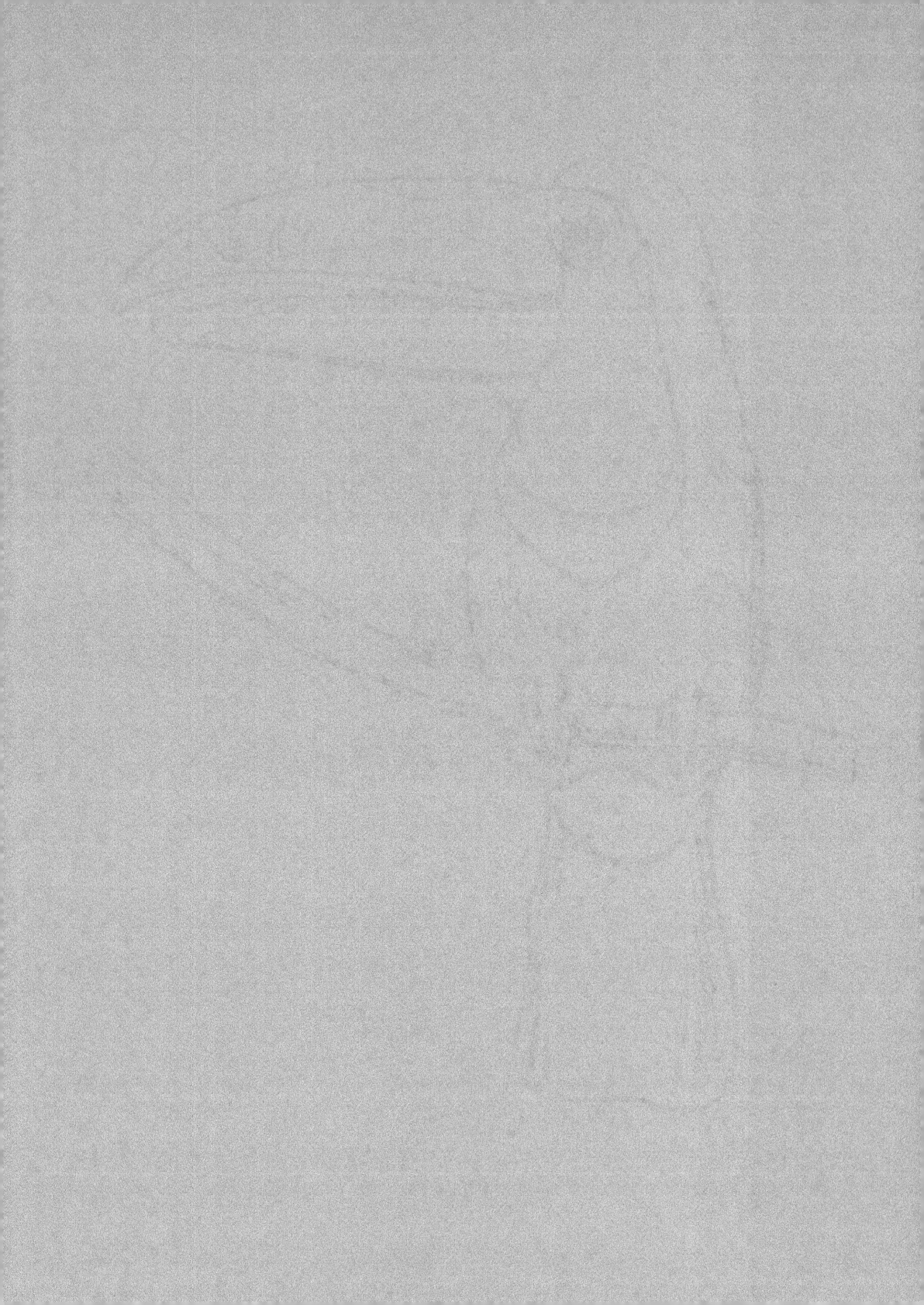

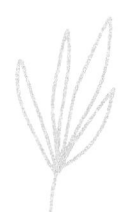
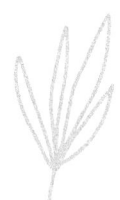
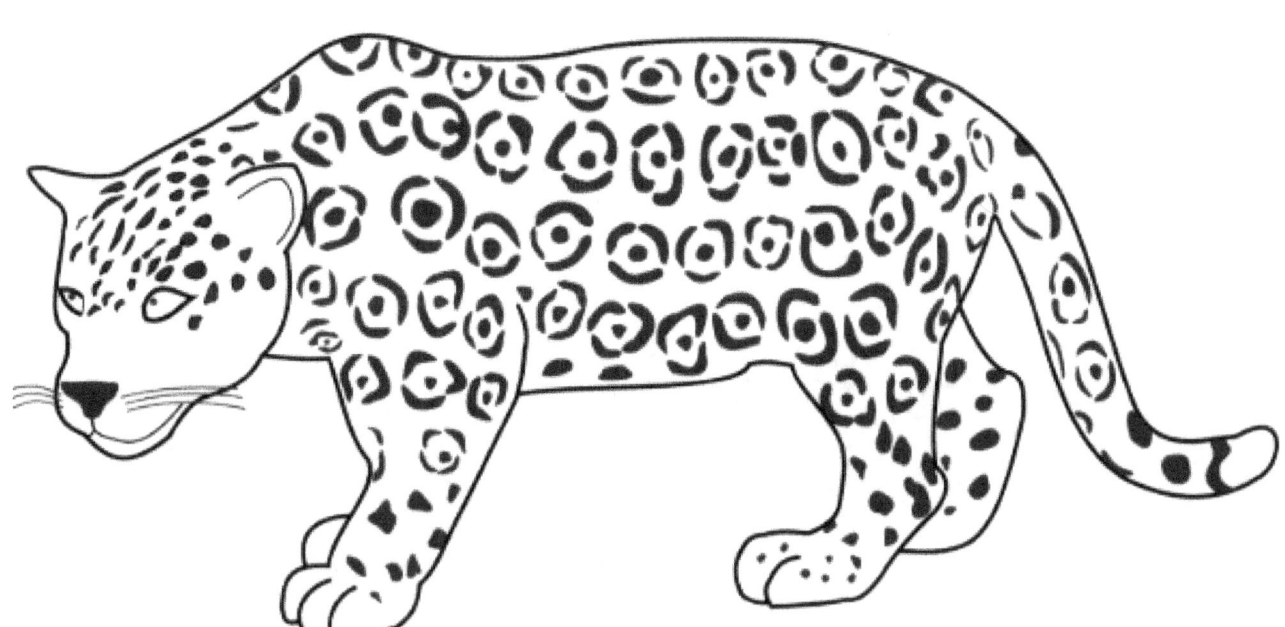

Jaguar

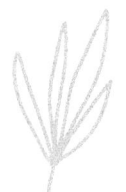
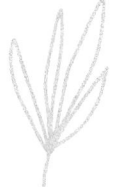

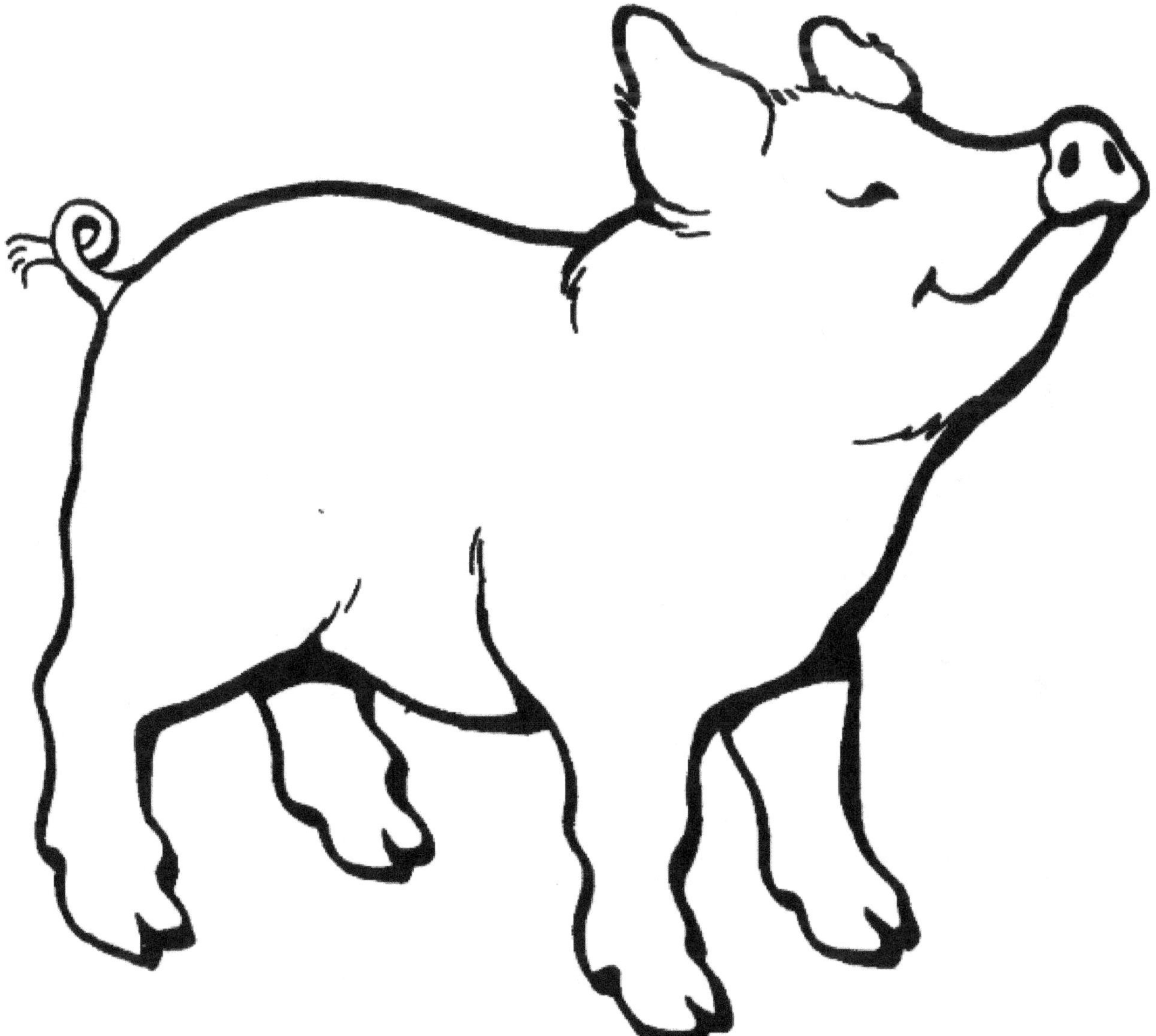

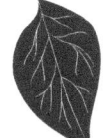
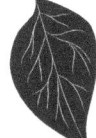

Cerdo

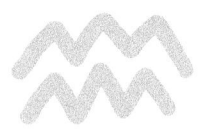
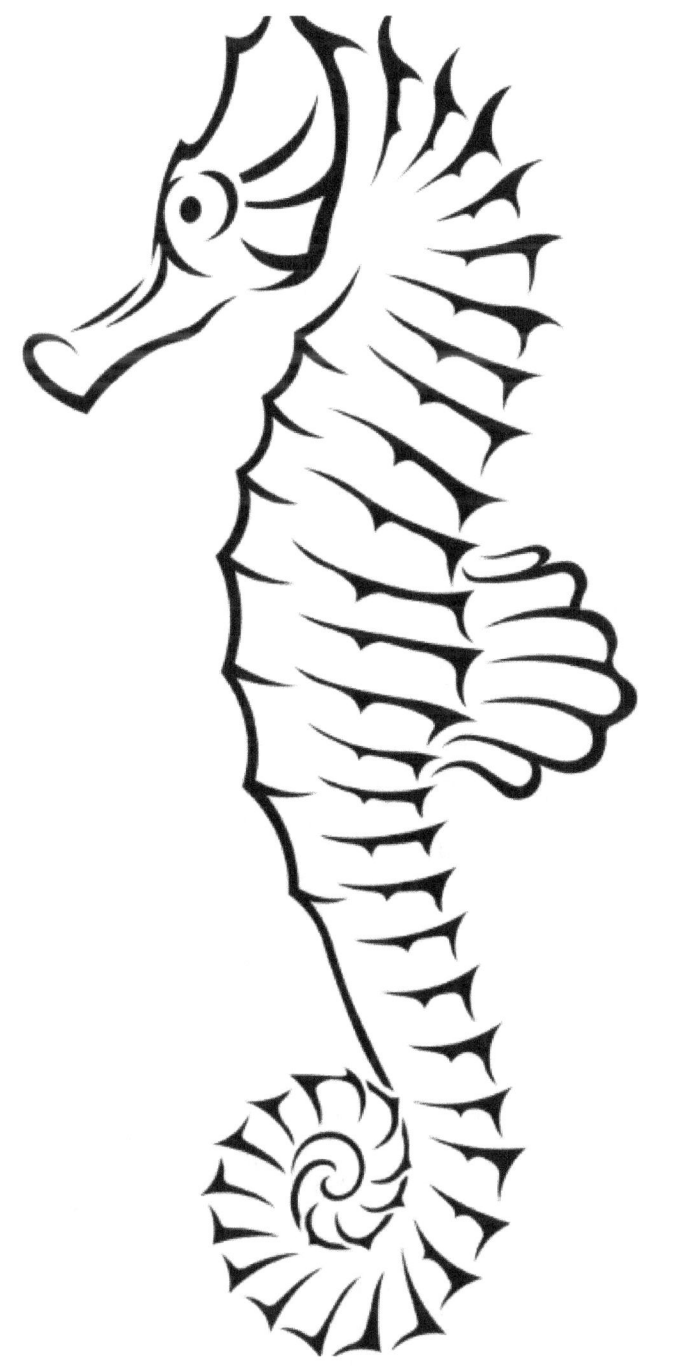
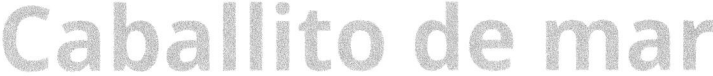

Caballito de mar

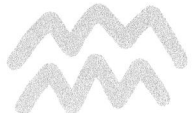
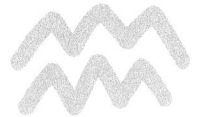

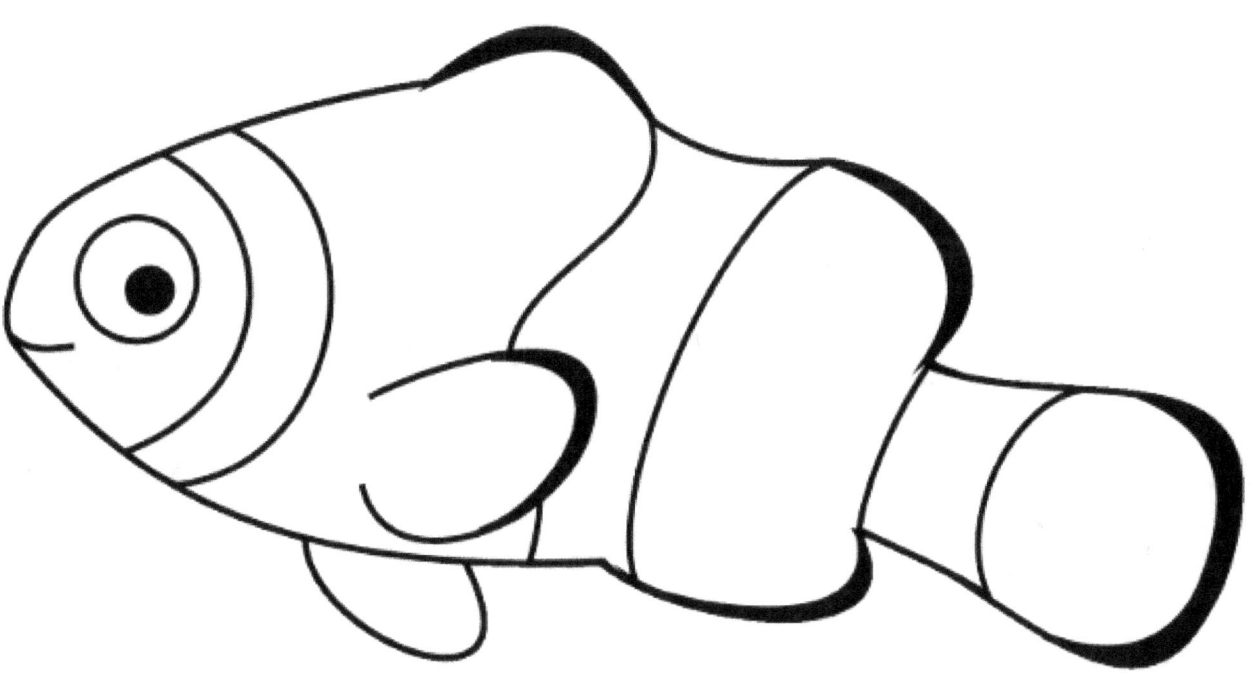

Pez Payaso

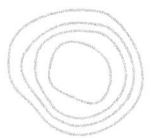
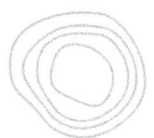

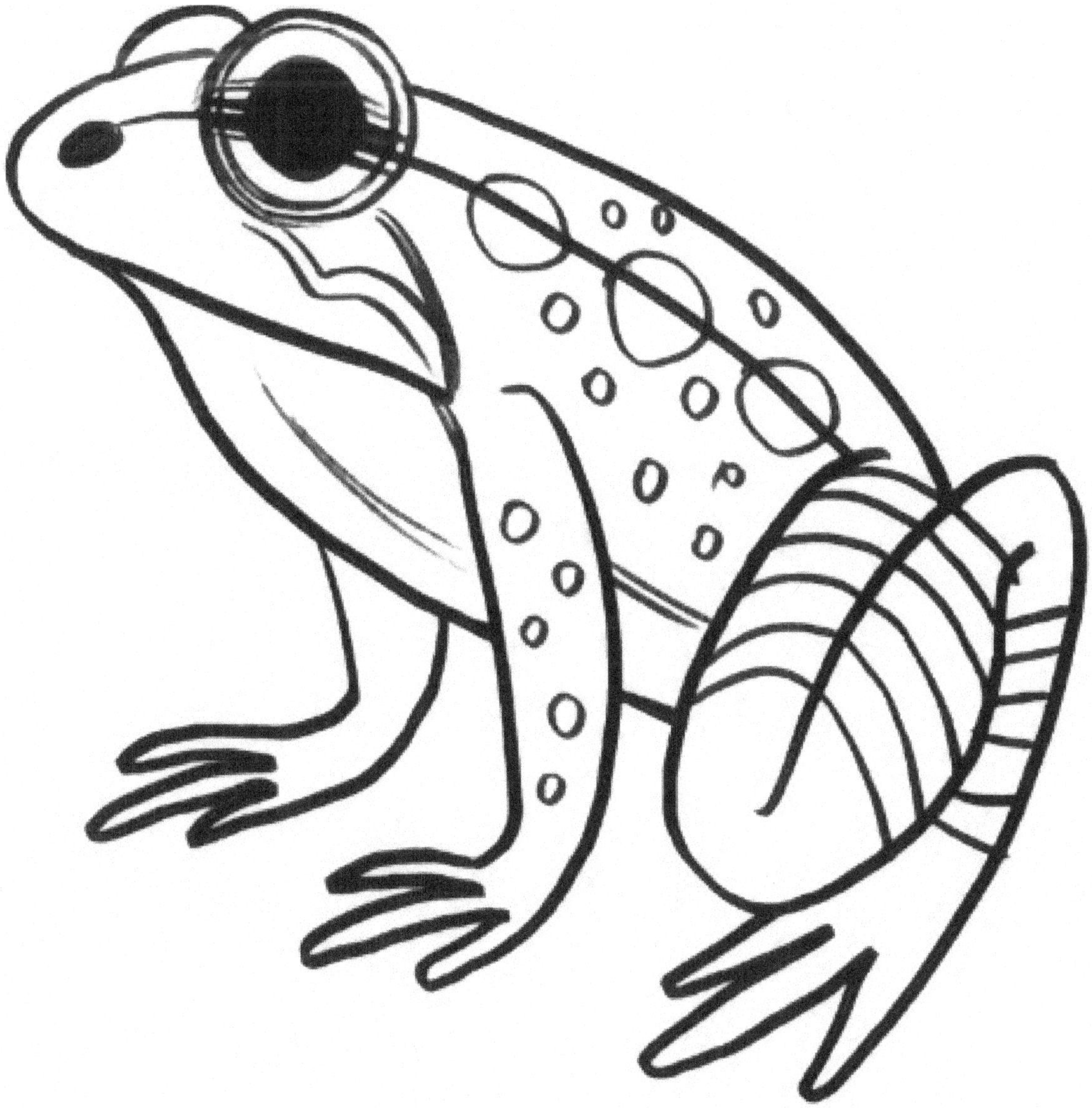

Rana

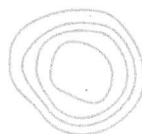
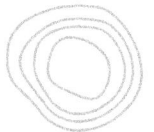

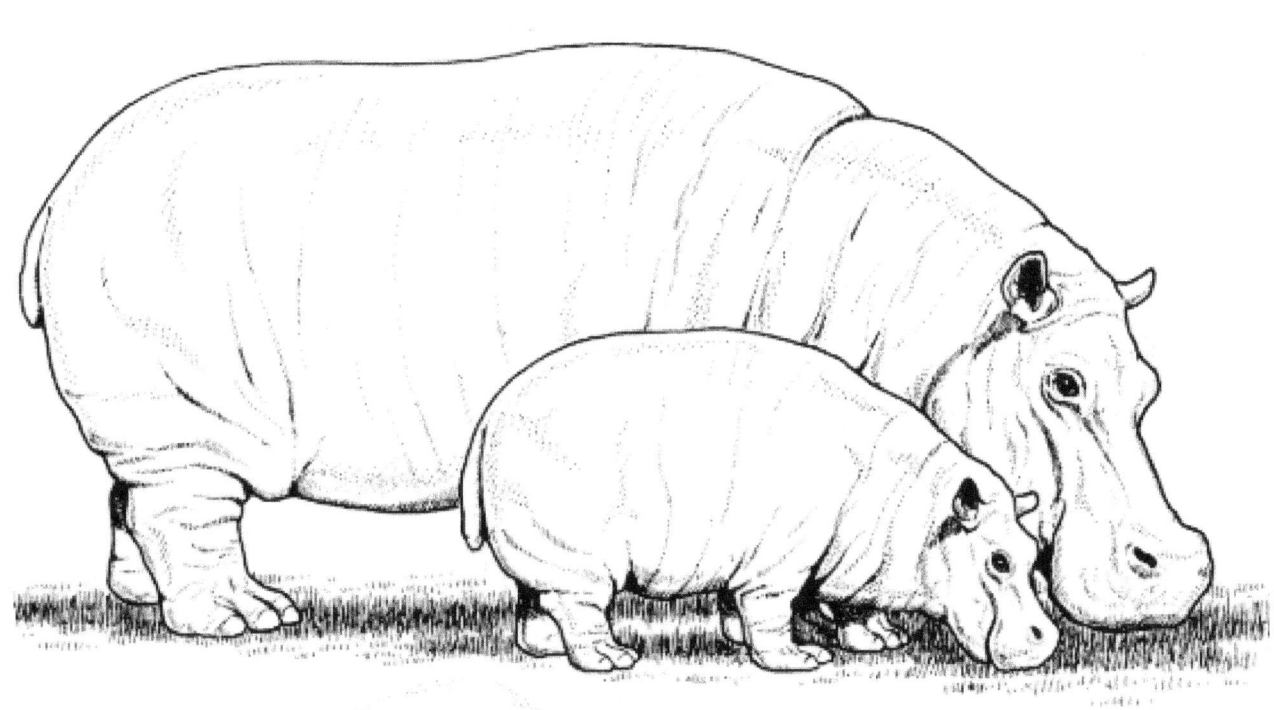

Hipopotamo

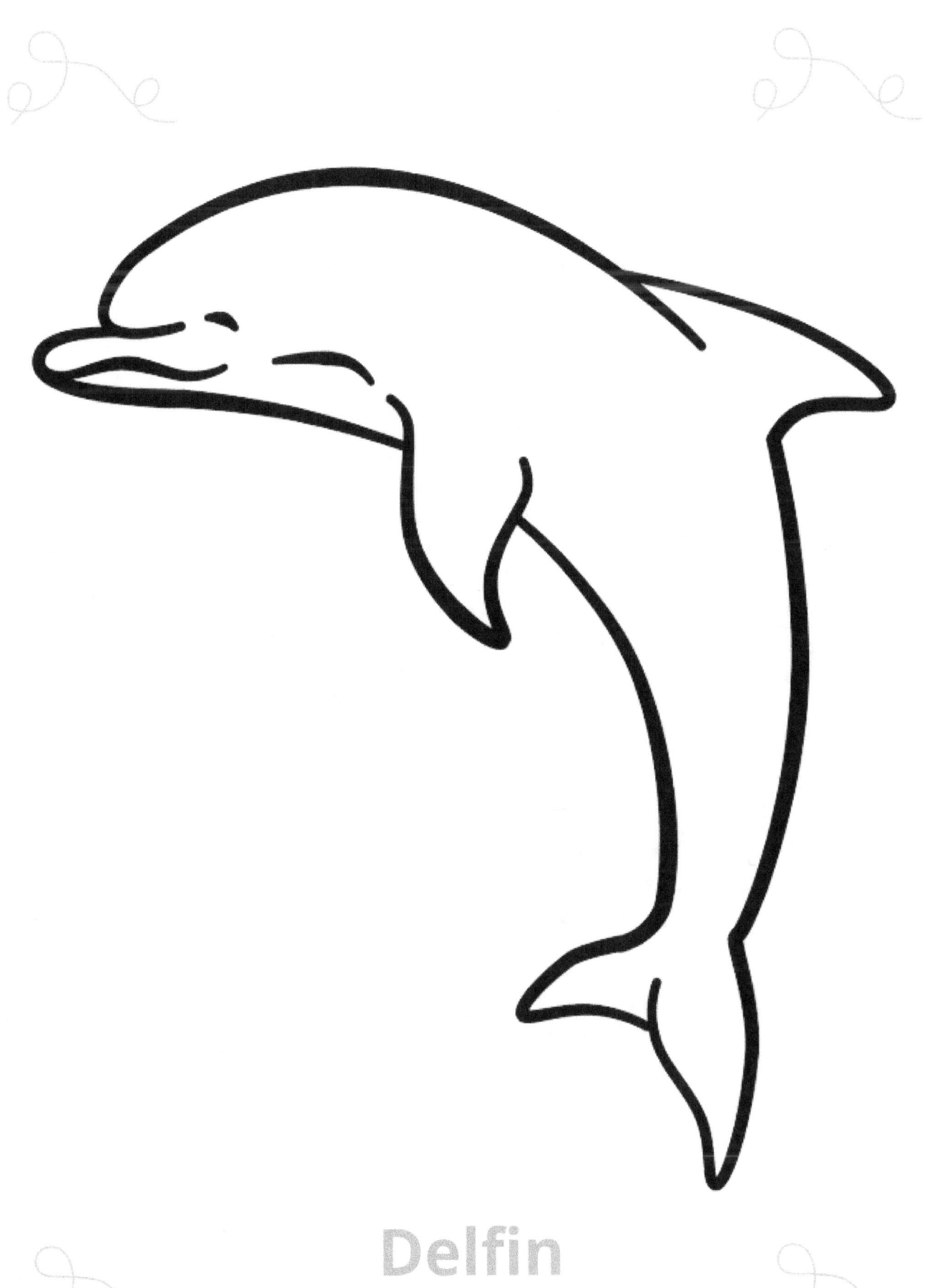

Delfin

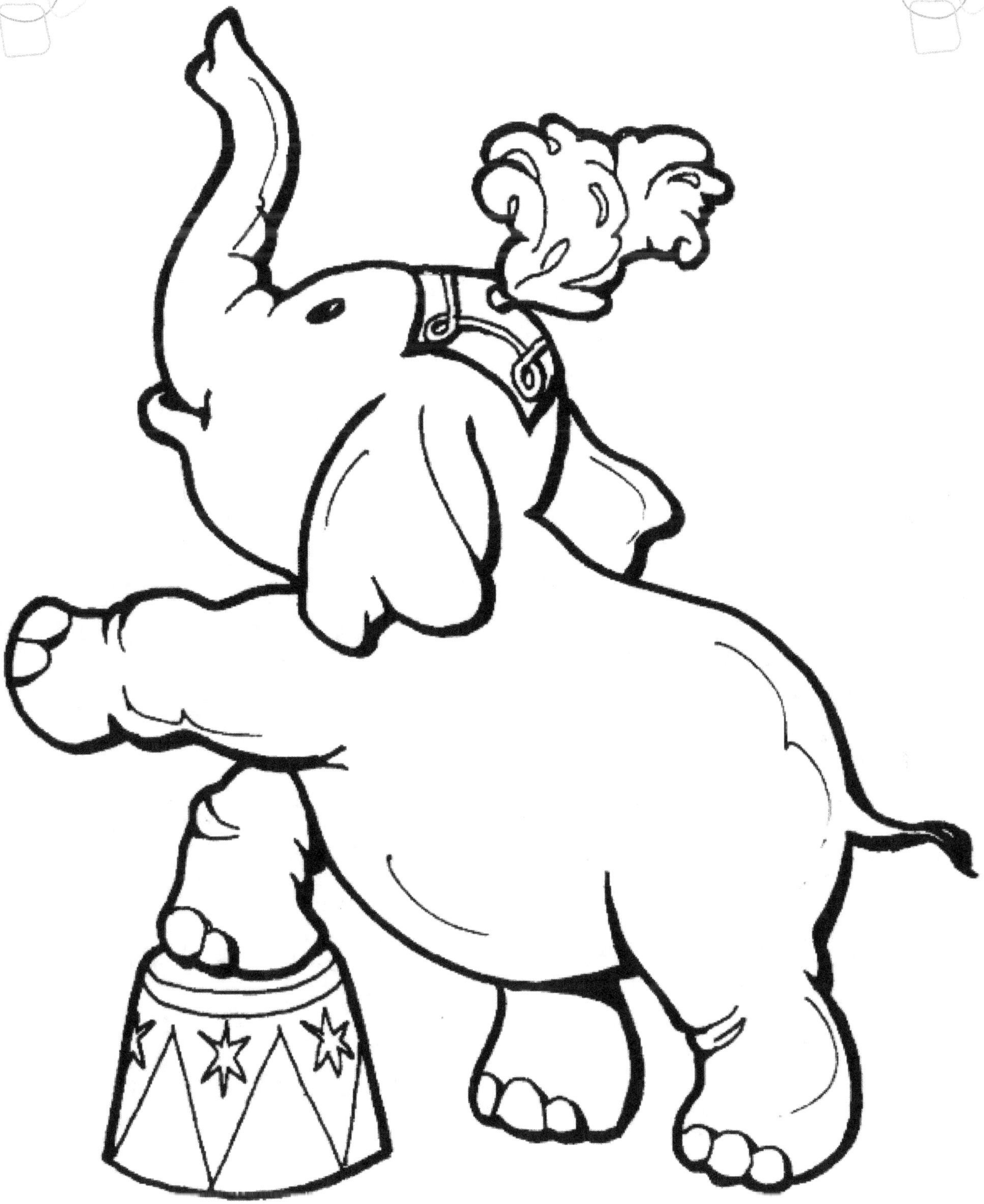

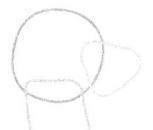
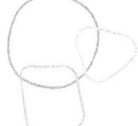

Elefante

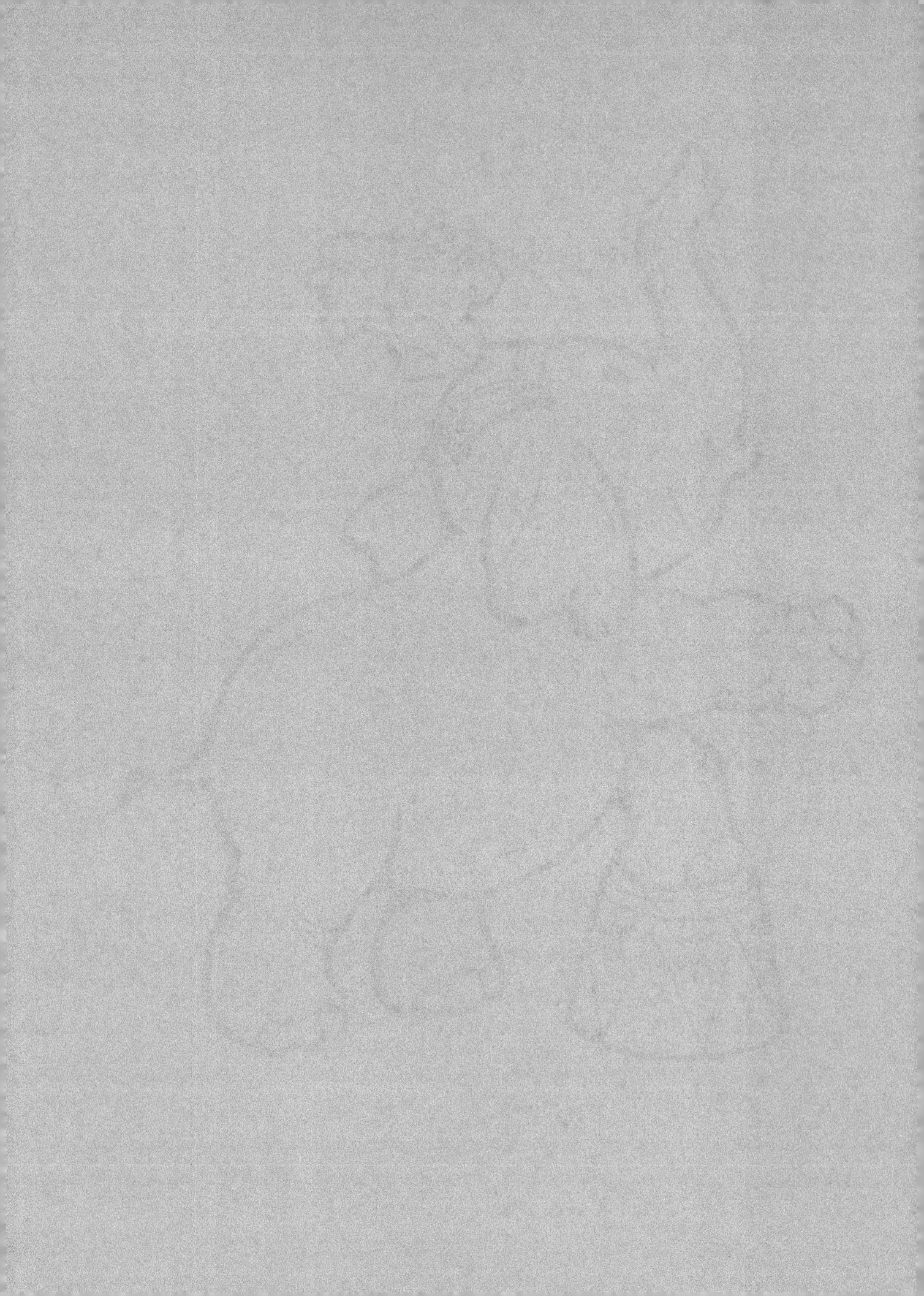

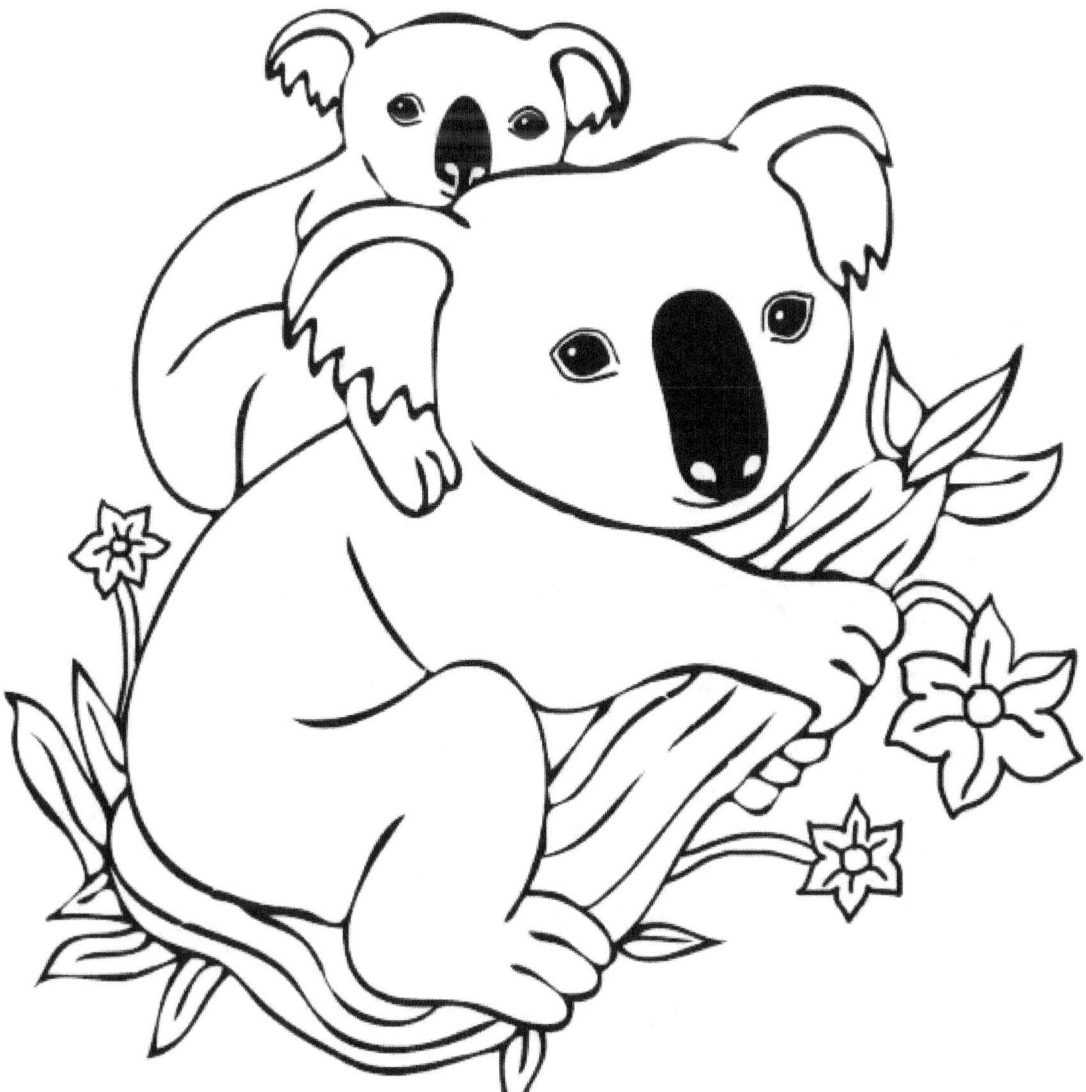

Koala

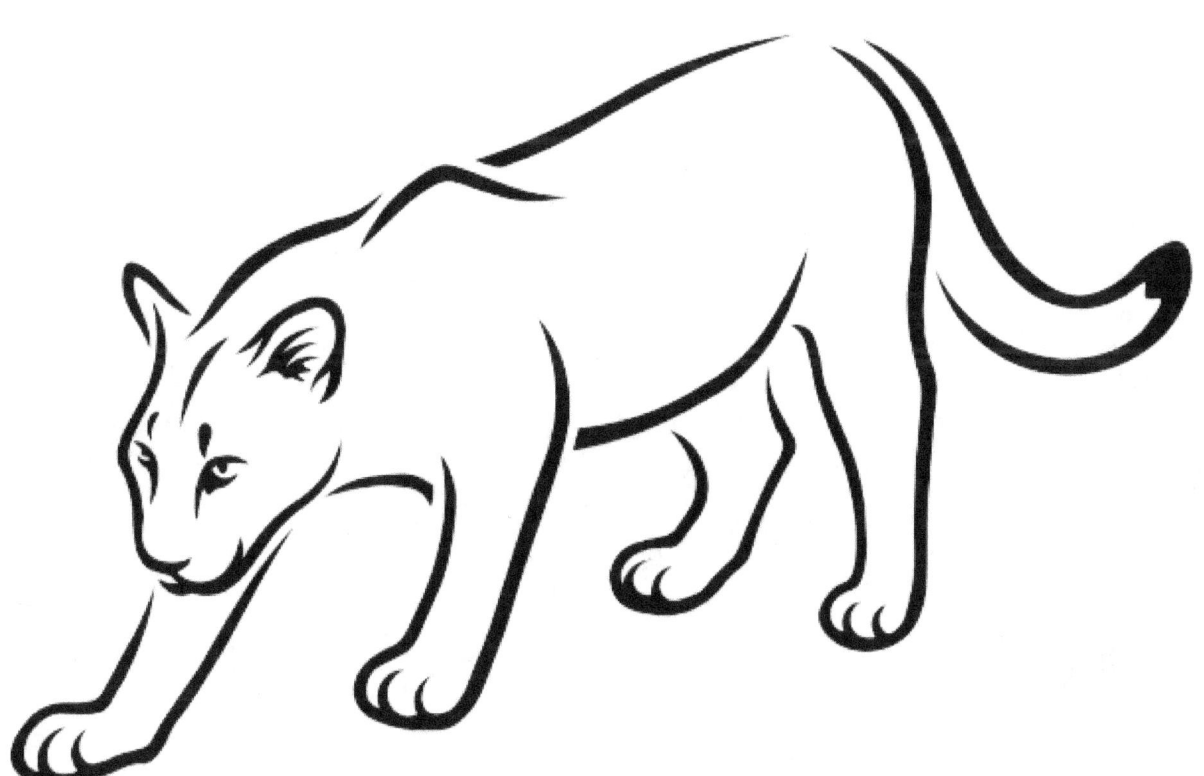

Puma

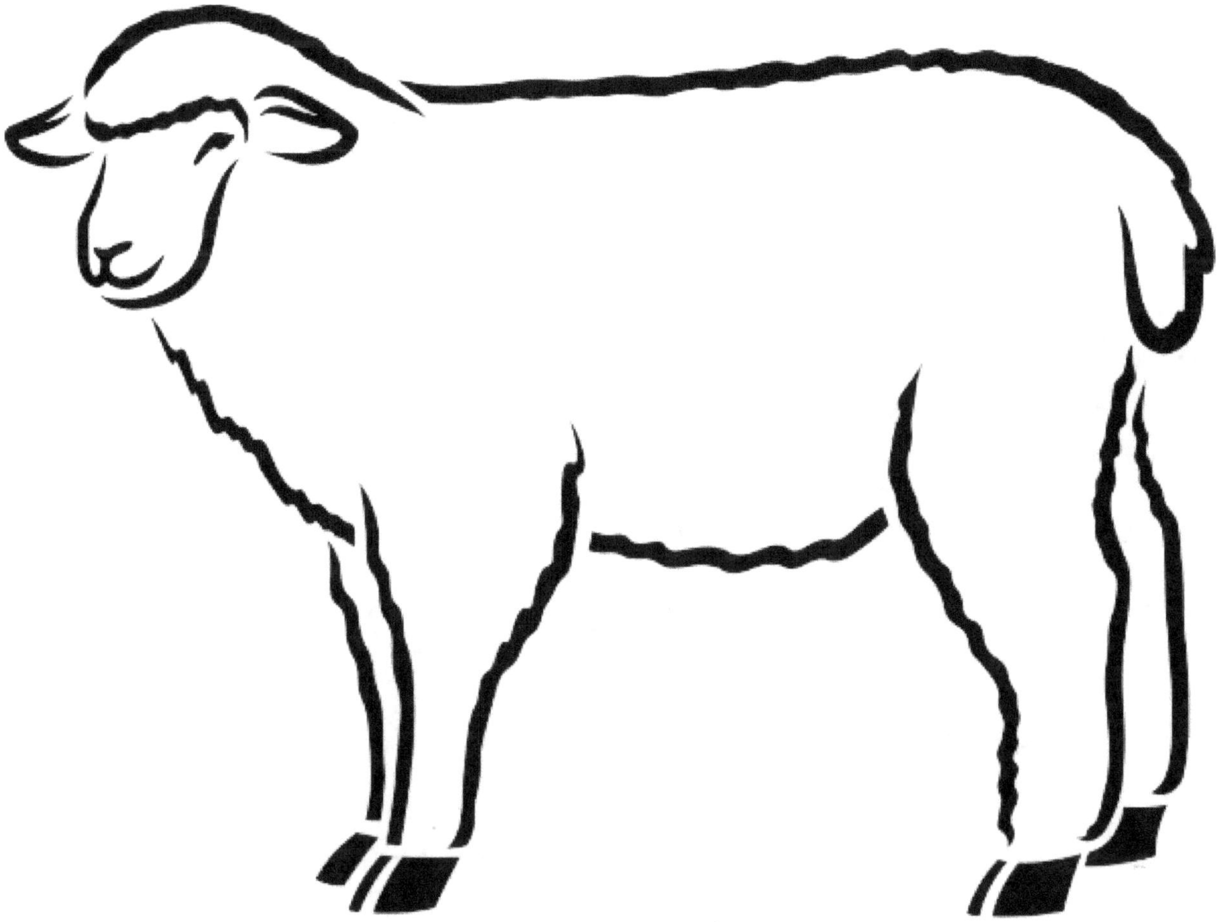

Oveja

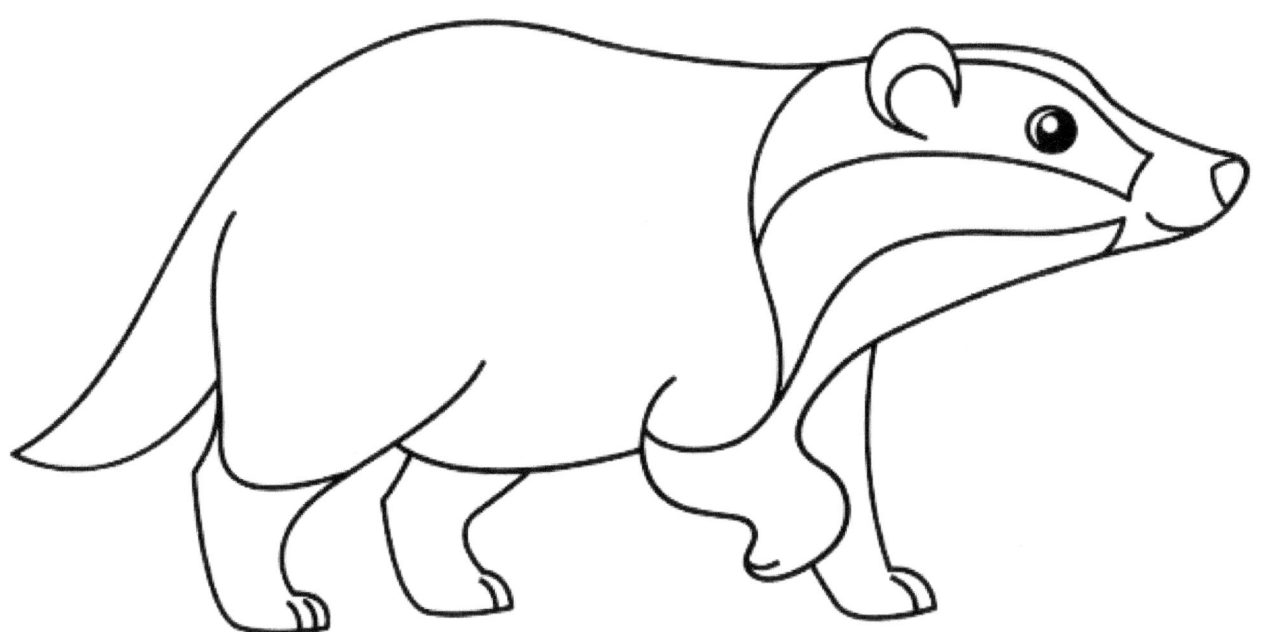

Tejon

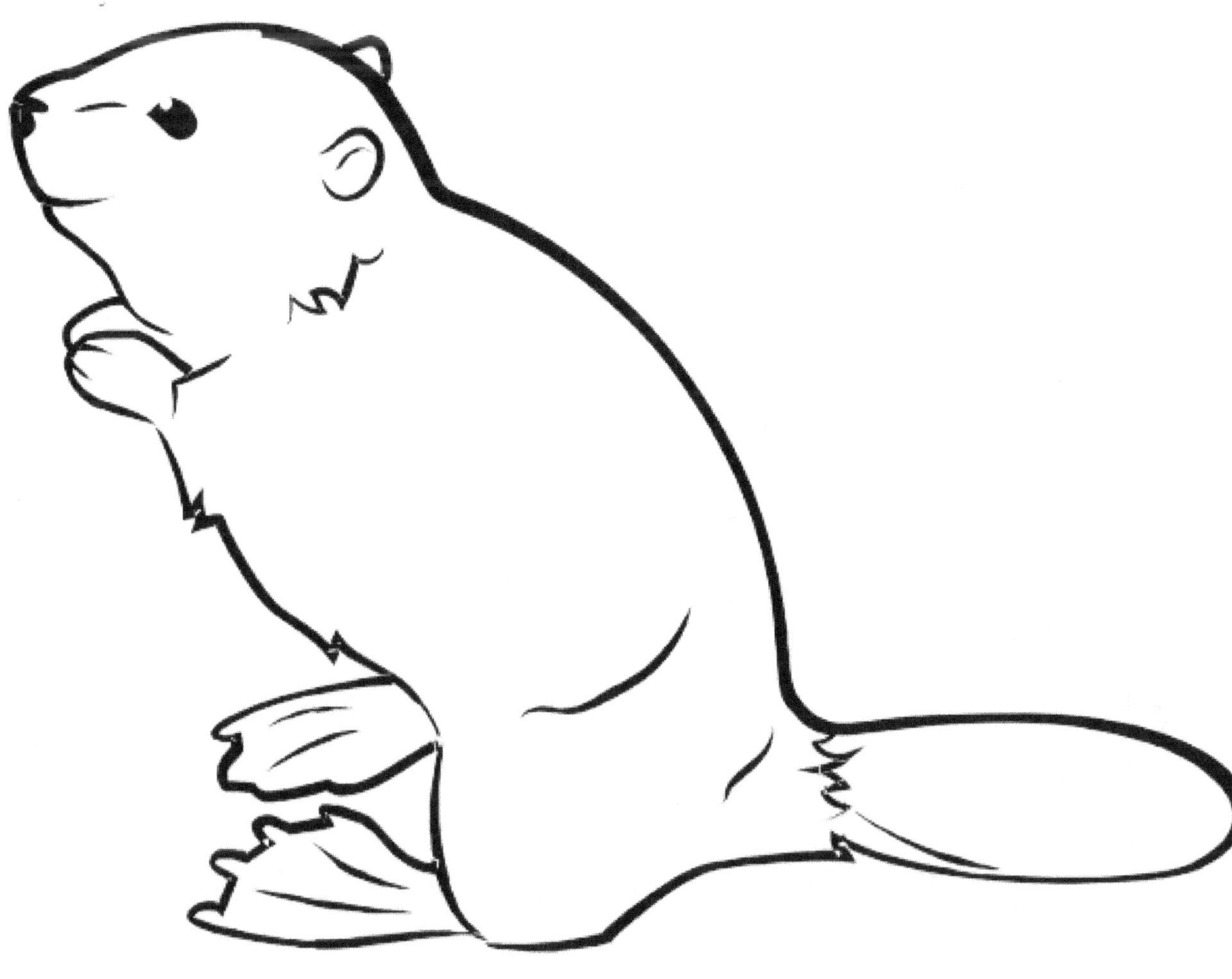

Castor

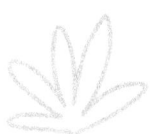

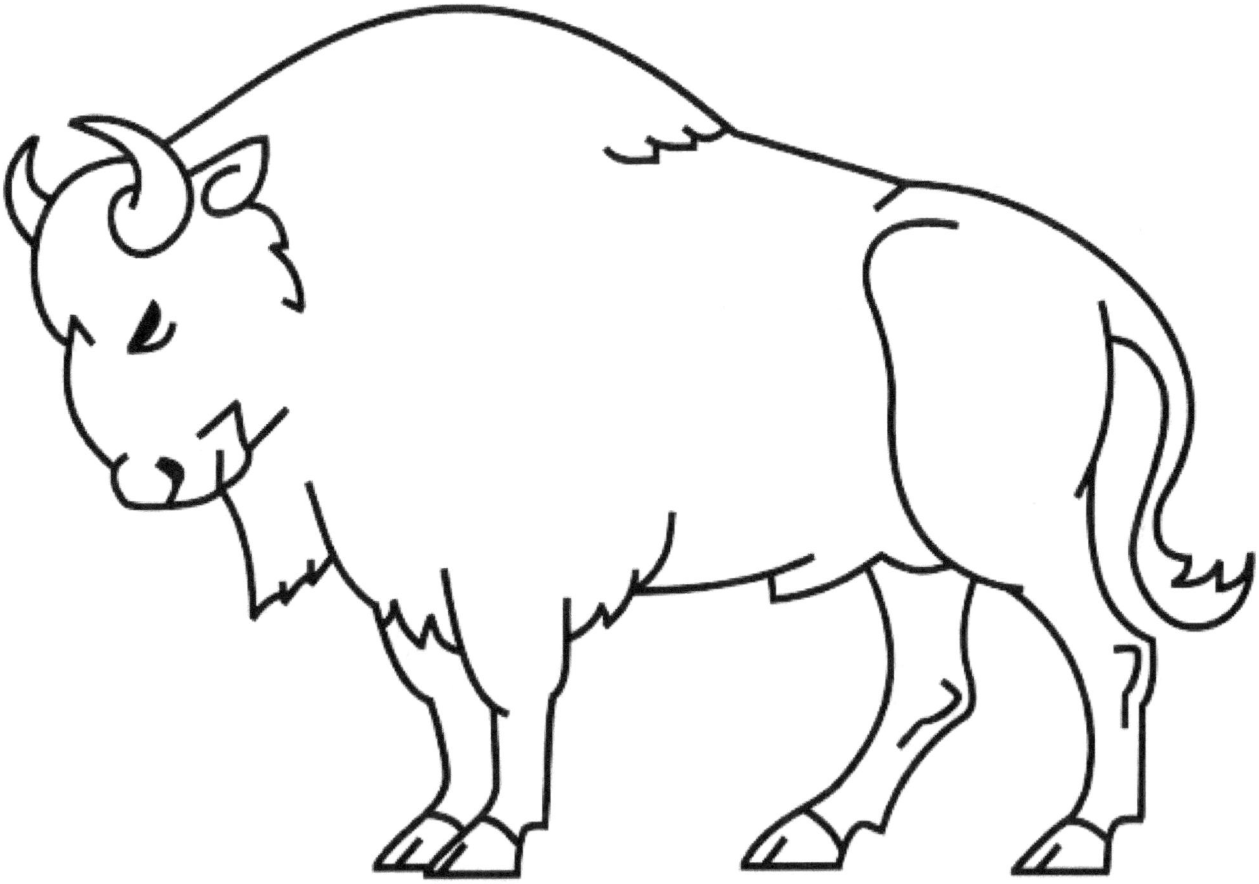

Bufalo

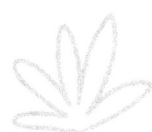
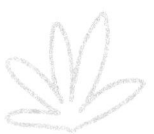

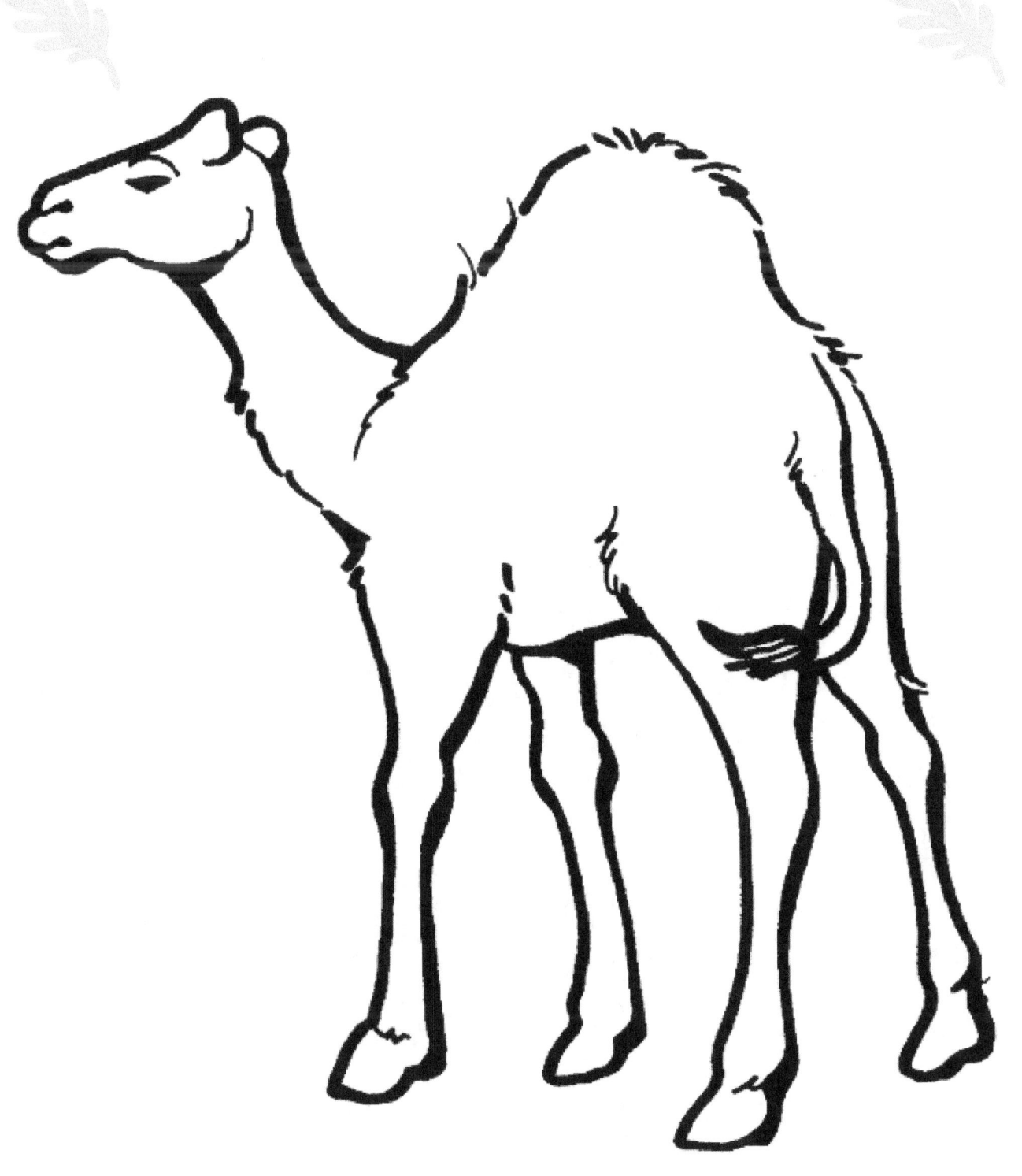

Camello

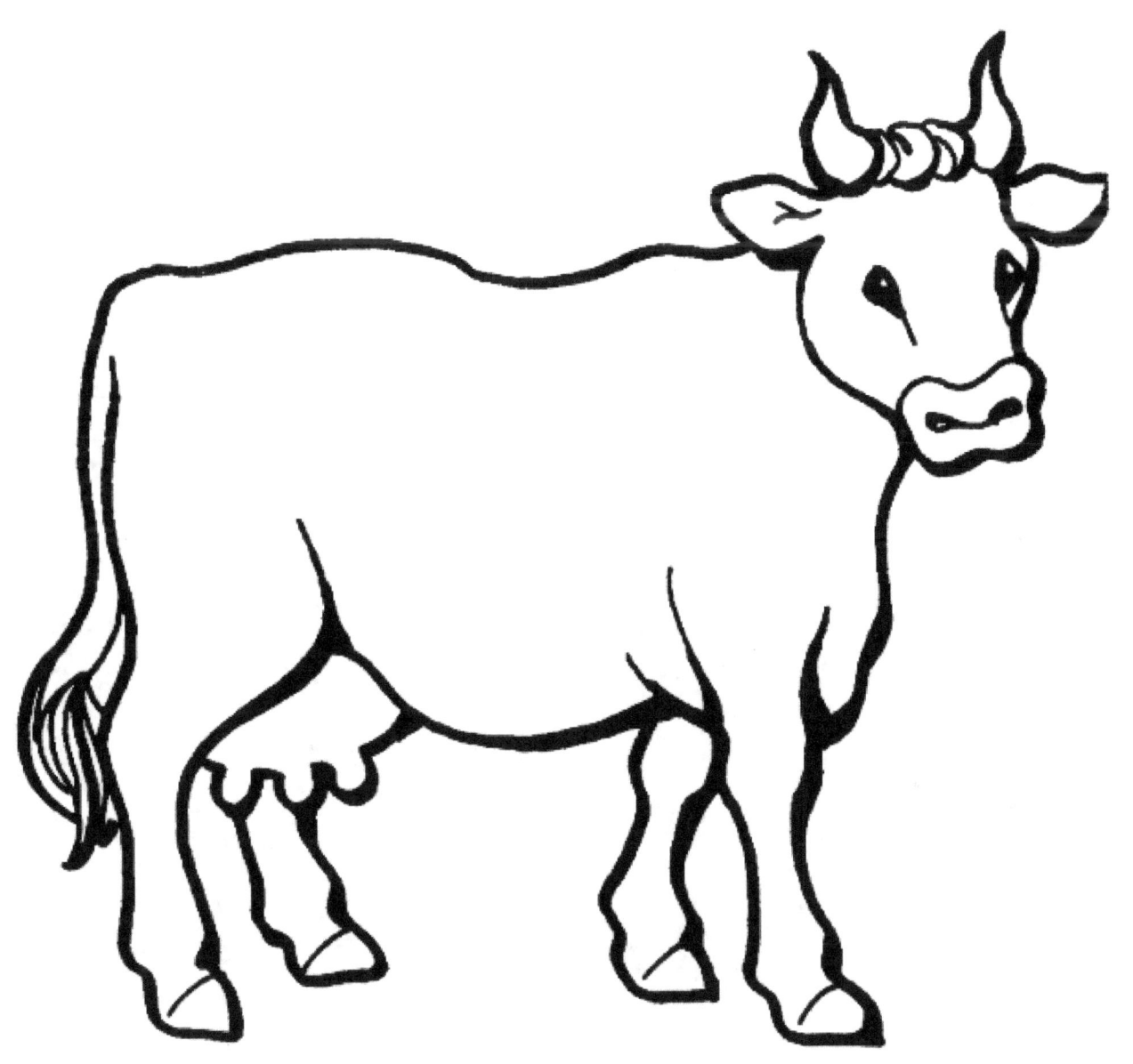

Vaca

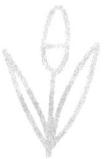
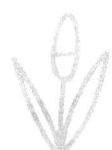

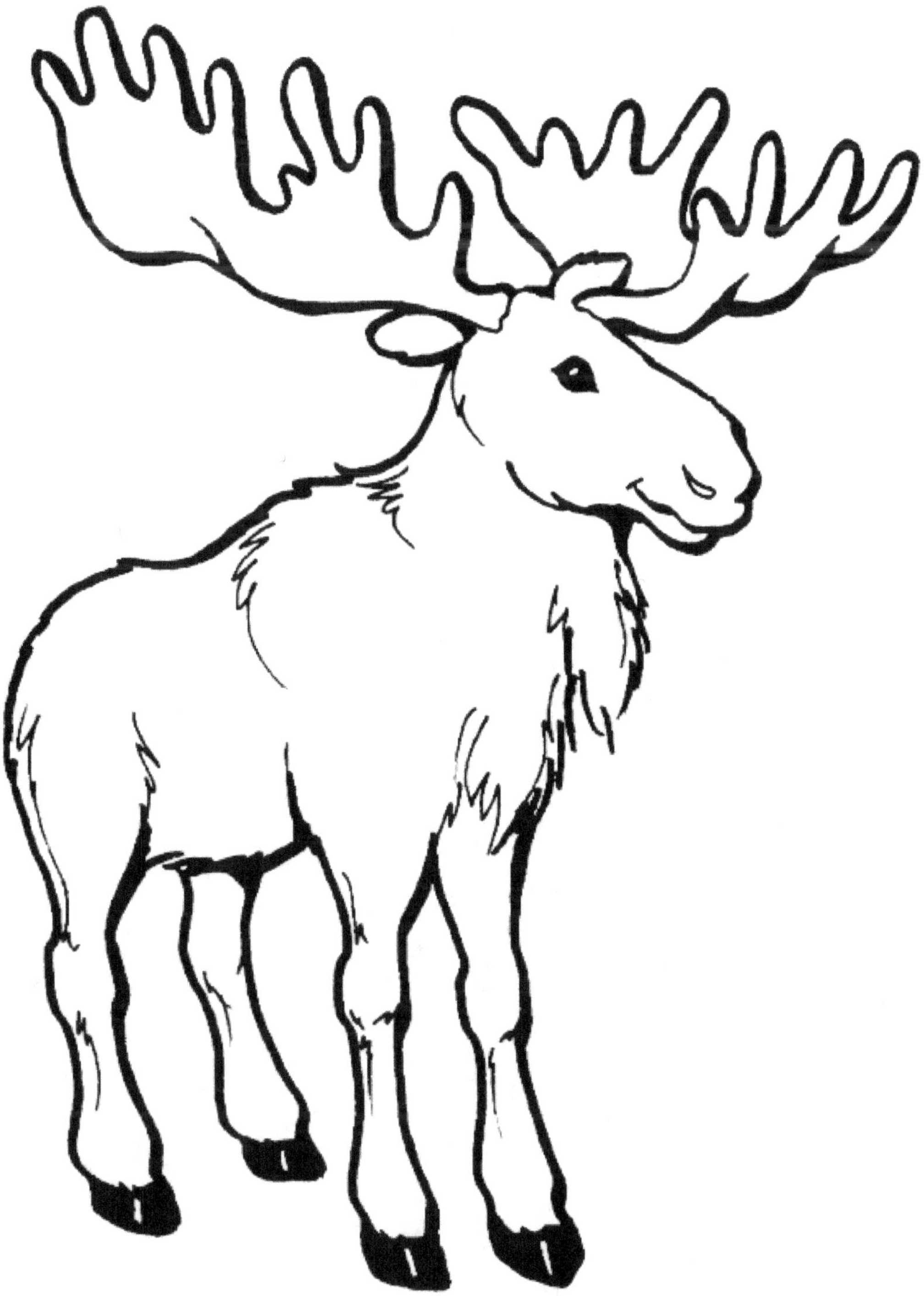

Alce

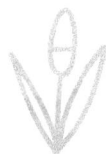
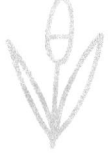

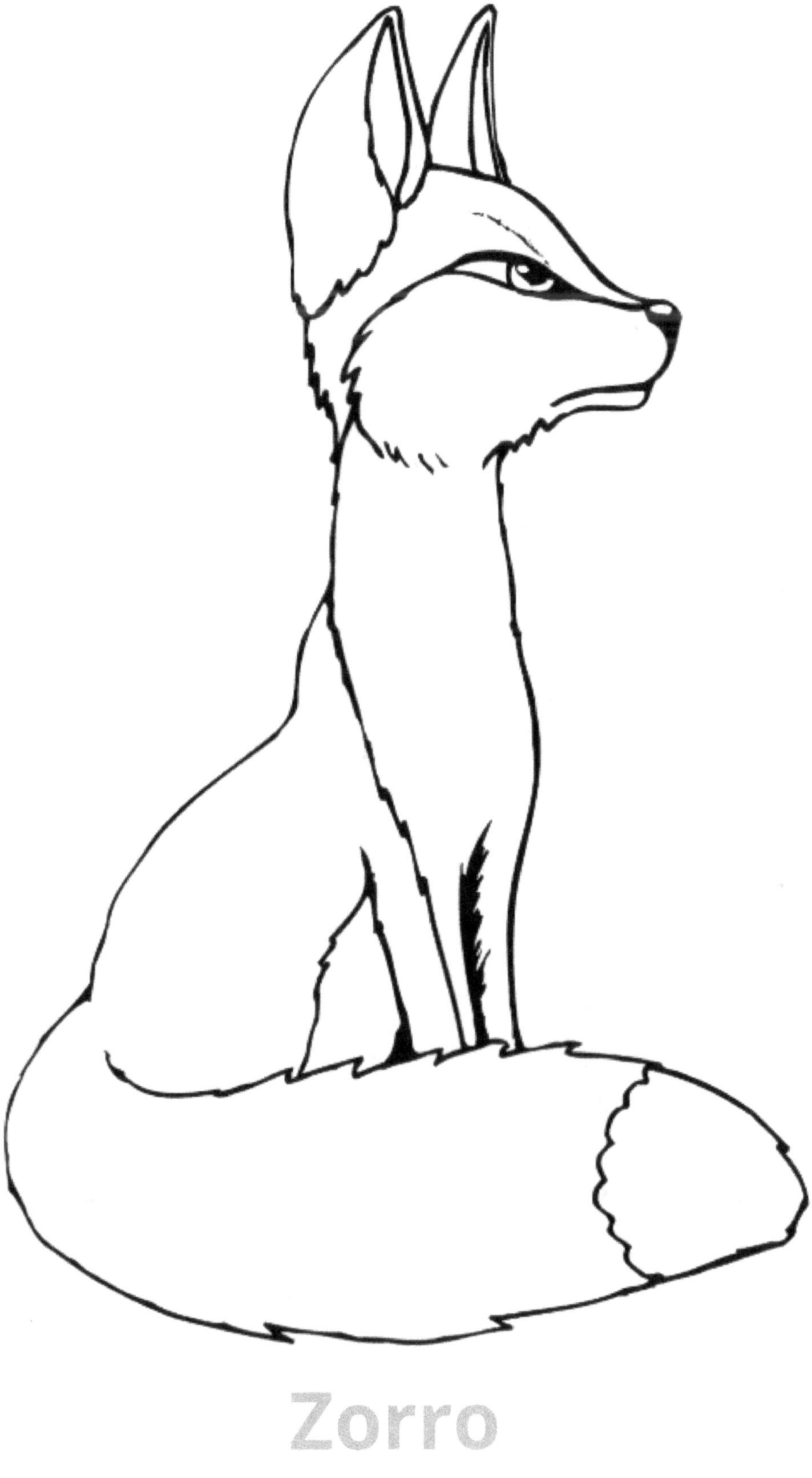

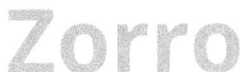

Zorro

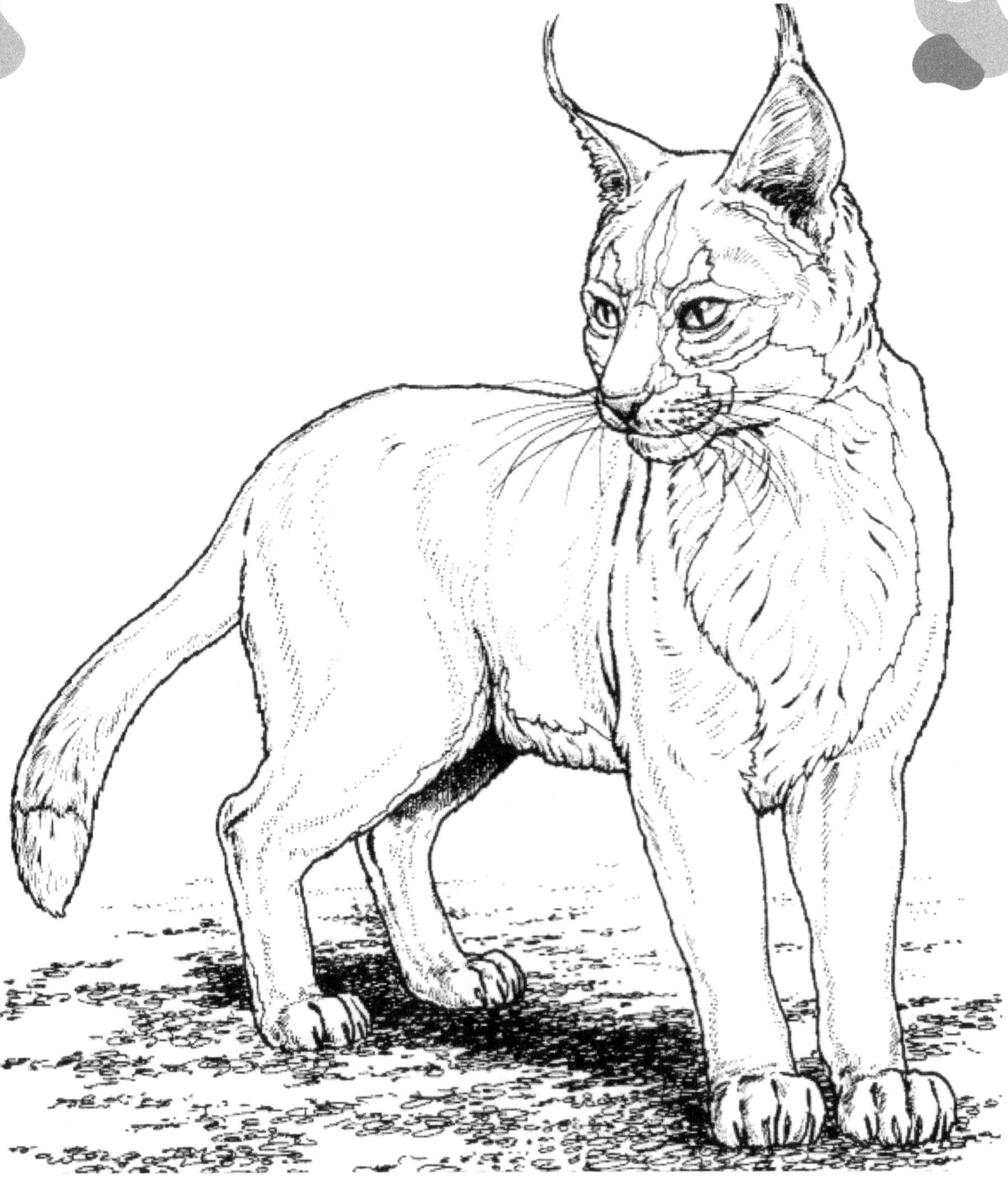

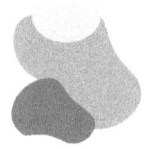
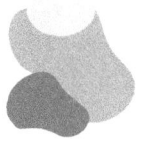

Lince

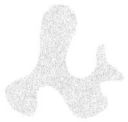
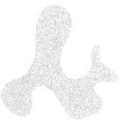

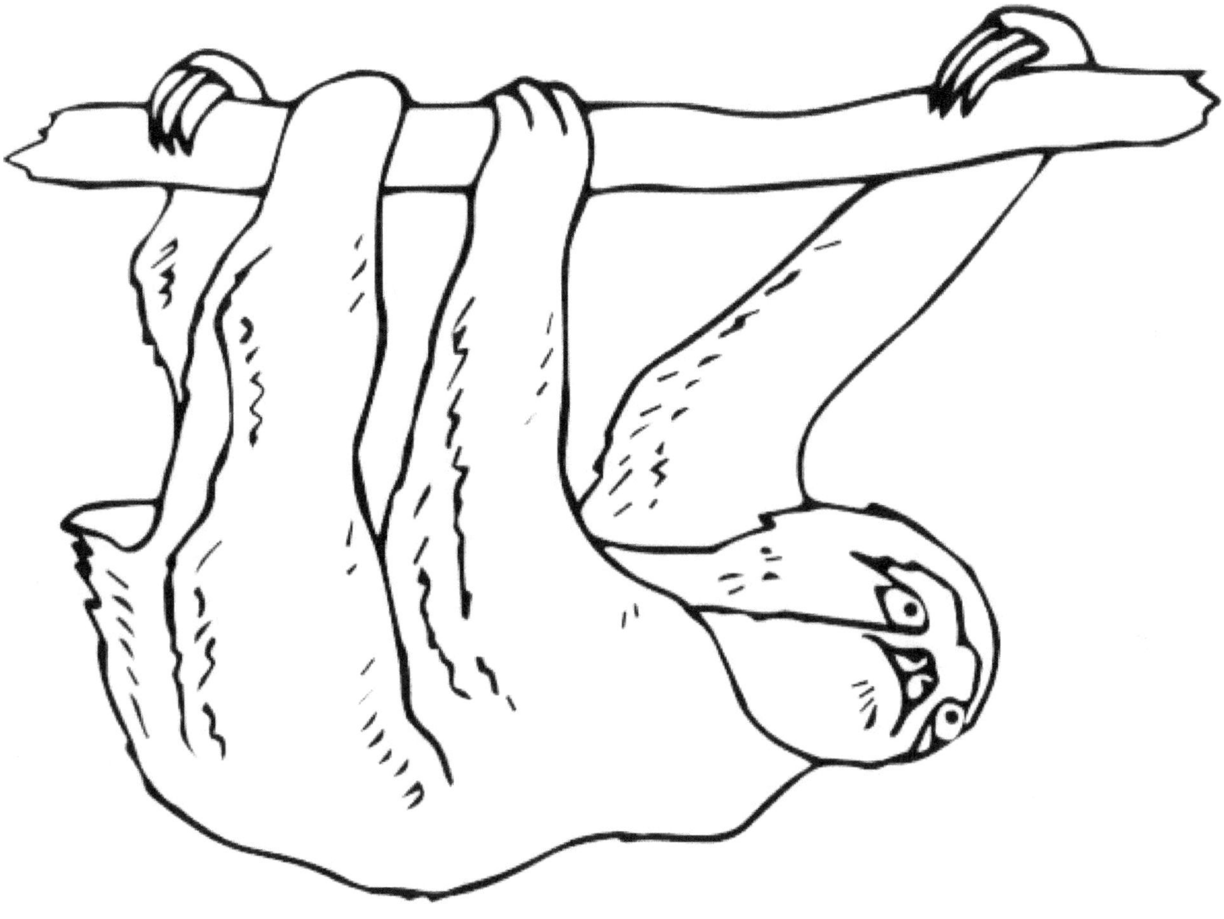

Perezoso

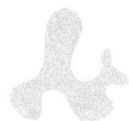
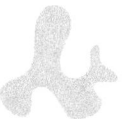

www.ingramcontent.com/pod-product-compliance
Lightning Source LLC
Chambersburg PA
CBHW060001230526
45472CB00008B/1900